Johann Aßbeck

Dos and Don'ts für Englischlehrer

Die 44 häufigsten Lehrerfehler erkennen, verstehen und vermeiden

Bildquellen:
Icons X und Haken: Check mark icon set in green and red © Gisele Yashar – Shutterstock.com
Icon Fragezeichen: Green question mark sign © valdis torms – Shutterstock.com

Gedruckt auf umweltbewusst gefertigtem, chlorfrei gebleichtem und alterungsbeständigem Papier.

1. Auflage 2018
© 2018 Auer Verlag, Augsburg
AAP Lehrerfachverlage GmbH
Alle Rechte vorbehalten.

Das Werk als Ganzes sowie in seinen Teilen unterliegt dem deutschen Urheberrecht. Der Erwerber des Werks ist berechtigt, das Werk als Ganzes oder in seinen Teilen für den eigenen Gebrauch und den Einsatz im Unterricht zu nutzen. Die Nutzung ist nur für den genannten Zweck gestattet, nicht jedoch für einen weiteren kommerziellen Gebrauch, für die Weiterleitung an Dritte oder für die Veröffentlichung im Internet oder in Intranets. Eine über den genannten Zweck hinausgehende Nutzung bedarf in jedem Fall der vorherigen schriftlichen Zustimmung des Verlags.

Sind Internetadressen in diesem Werk angegeben, wurden diese vom Verlag sorgfältig geprüft. Da wir auf die externen Seiten weder inhaltliche noch gestalterische Einflussmöglichkeiten haben, können wir nicht garantieren, dass die Inhalte zu einem späteren Zeitpunkt noch dieselben sind wie zum Zeitpunkt der Drucklegung. Der Auer Verlag übernimmt deshalb keine Gewähr für die Aktualität und den Inhalt dieser Internetseiten oder solcher, die mit ihnen verlinkt sind, und schließt jegliche Haftung aus.

Umschlagfoto: iStock, Stock-Fotografie-ID 485083346 © filadendron
Covergestaltung: annette forsch konzeption und design, Berlin
Illustrationen: Corina Beurenmeister, Steffen Jähde, Kristina Klotz
Satz: fotosatz griesheim GmbH
Druck und Bindung: Korrekt Nyomdaipari Kft, Budapest
ISBN 978-3-403-**08175**-3
www.auer-verlag.de

Inhaltsverzeichnis

Vorwort 5

Wortschatzvermittlung
1. Ordentliche Wörterlisten aus dem Vokabelteil an die Tafel übernehmen 6
2. Isolierte Vokabeln statt idiomatischer Wortkombinationen vermitteln 8
3. Aussprache- und Übersetzungsfehler bei neuen Wörtern verfestigen 9
4. Vokabellernen nur auf Wortschatz aus dem Lehrbuch beschränken und Schüler demotivieren 10
5. Alle Wörter zum spielerischen Wörterüben verwenden und Aussprachefehler provozieren 12
6. Bewegungslernen beim Wörterüben falsch einsetzen 13
7. Wortverständnis auf die gleiche Weise testen, wie man die Wörter eingeführt hat 14

Grammatik
8. Die Geduld beim Erwerb des *Third-person-singular-s* verlieren 16
9. Grammatik trocken einführen und den kommunikativen Nutzen verfehlen 17
10. Zu wenige Satzbeispiele für die Grammatikeinführung auswählen 19
11. Grammatik ohne Kommunikationssituation einüben 21

Übungsphase
12. Lückentexte falsch gestalten 23
13. Den richtigen Umfang einer Übungsaufgabe verfehlen 24
14. Beim rezeptiven Üben von Wörtern stehen bleiben 25
15. Englische Arbeitsanweisungen unklar oder missverständlich formulieren 27

Texte hören
16. Auf *Pre-listening activities* verzichten 29
17. Hörtexte mitlesen lassen 30
18. Keine Hörinstruktionen geben 31
19. Beim Storytelling Hörverstehen prüfen 32

Texte lesen
20. Mit lautem Lesen Aussprache und Textverständnis gleichzeitig prüfen 34
21. Textverständnis prüfen und gleichzeitig unbekannten Wortschatz klären 35
22. Aussprache mit unbekannten Lesetexten trainieren 36
23. Unbekannten Wortschatz immer vorentlasten 37

Texte schreiben

24 Freies Schreiben ohne Hilfestellungen und Schreibstrategien verlangen 39
25 Schüler ihre selbstverfassten Texte vorlesen lassen 40
26 Schreiben von Texten am PC verbieten 42
27 In schriftlichen Schülertexten grundsätzlich immer alle Fehler korrigieren.......... 43

Einsatz von Bildern

28 Komplexe Bilder sofort interpretieren lassen.. 46
29 Mit Bildern Sprechfertigkeit üben 47

Mündliche Fehlerkorrektur

30 Bei der mündlichen Fehlerkorrektur stehen bleiben... 49
31 Bei der mündlichen Fehlerkorrektur unsicher handeln....................................... 50
32 Inkonsequent Fehler korrigieren 52
33 Immer auf komplette Antwortsätze bestehen 53

Unterrichtsgespräch

34 Den Schülern zu wenig Zeit zum Antworten geben.. 55
35 Den Rückgriff auf die Muttersprache strikt verbieten... 56
36 Deutsche Ausdrucksformen und Höflichkeitsnormen 1:1 in die
   Fremdsprache übernehmen... 58
37 Sprechfertigkeit nur mit Frage-Antwort-Übungen trainieren.............................. 59

Hausaufgabenstellung

38 Hausaufgaben zum Wortschatz ohne Hinweise zum Lernen geben 61
39 Wörter ohne richtige Technik ins Vokabelheft abschreiben lassen..................... 63

Verschiedenes

40 *Role plays* einfach ablesen lassen 65
41 Ein *Role play* nach dem anderen vorspielen lassen... 66
42 Mit Songs Schüler demotivieren, statt zu motivieren... 68
43 Davon ausgehen, dass man mit Filmen automatisch neuen Wortschatz lernt...... 69
44 Keinen Puffer für die letzten Minuten einplanen 71

Literatur... 73

Vorwort

Dieses Buch ist das Resultat von fast dreißig Jahren Unterrichtsbeobachtung und Unterrichtsanalyse. Im Laufe der Jahre zeigte sich, dass Lehrer[1], die sich noch im Ausbildungsprozess befanden und über nur wenig Unterrichtserfahrung verfügten, in bestimmten Situationen gehäuft zu methodischen Fehlentscheidungen tendierten. Mit diesen spezifischen Problemfeldern befasst sich dieses Buch, das vor allem Lehramtsstudierenden im Schulpraktikum, Referendaren und Junglehrern helfen will, diejenigen Faktoren bewusst wahrzunehmen, die zu falschen Entscheidungen im Klassenzimmer führen können. So können kritische Situationen antizipiert werden, um dann im Unterricht sinnvoll zu handeln.

Das Buch versteht sich jedoch nicht als Ratgeber im Sinne eines unreflektierten Wenn-Dann-Schemas. Vielmehr möchte es vor dem Hintergrund wissenschaftlicher Erkenntnisse verdeutlichen, warum bestimmte methodische Entscheidungen in diesen Situationen problematisch sind und welche Gründe für andere Vorgehensweisen sprechen. Es kann auf diese Weise hoffentlich dazu beitragen, unnötige Enttäuschungen und „Reibungsverluste" im Klassenzimmer zu vermeiden und die Freude am Englischunterricht bei Schülern und Lehrern – vor allem bei jenen, die am Berufsanfang stehen – zu erhalten.

---

[1] Aufgrund der besseren Lesbarkeit ist in diesem Buch mit Schüler auch immer Schülerin gemeint, ebenso verhält es sich mit Lehrer und Lehrerin etc.

Wortschatzvermittlung

| FEHLER 1 | Ordentliche Wörterlisten aus dem Vokabelteil an die Tafel übernehmen

✗ Fallbeispiel

Herr F. will bei seinen Sechstklässlern Vokabeln zum Thema *„Going shopping"* einführen. Dabei orientiert er sich an der Reihenfolge der Wörter im Vokabelteil des Lehrbuchs und schreibt sie in identischer Reihenfolge als Wörterliste an die Tafel. Die Liste zum Thema ist zwar sehr ordentlich, aber inhaltlich heterogen. Die Schüler können dadurch nicht erkennen, welche Wörter zusammengehören, d. h. Subbereiche bilden, z. B. *to pay – cashdesk – receipt*. Zudem wird auch nicht deutlich, welche Präpositionen an bestimmte Verben gebunden sind. Am Ende der Stunde wiederholt Herr F. die neuen Vokabeln mithilfe von Bildern, doch trotz der Übungen, können sich die meisten Schüler nur noch an wenige Wörter erinnern.

? Ursachen und Hintergrund

Ein Grund dafür, dass sich die Schüler nicht erinnern können, liegt an der Art und Weise, *wie* Herr F. die Wörter an die Tafel geschrieben hat. Die Liste war zwar ordentlich, aber das menschliche Gehirn benötigt eine andere Ordnung: Forscher gehen davon aus, dass Wörter im sogenannten mentalen Lexikon, einem Teil des Langzeitgedächtnisses, gespeichert und dort nach bestimmten Ordnungsprinzipien systematisiert werden. Zu diesen Prinzipien zählt u. a. die Ordnung nach

- Gegensatzpaaren *(cheap – expensive)*,
- Sachfeldern *(clothes)*,
- Syntagmen (d. h. Wortkombinationen, wie *to put on a skirt*),
- *frames* (d. h. mit der Einkaufssituation verknüpfte Erfahrungen, wie z. B. *department store, sale, cheap, shop assistant, fashionable…*)
- und *scripts* (d. h. die Handlungsabläufe, die diese Situation beinhaltet).

In unserer Muttersprache haben wir einen Großteil des Wortschatzes in konkreten Situationen und in Verbindung mit Handlungen erworben. Unser mentales Lexikon hat die Wörter entsprechend geordnet und deshalb können wir sie in Kommunikationssituationen blitzschnell abrufen. Sind die Wörter nicht entsprechend vernetzt, muss

Wortschatzvermittlung

unser Gehirn erst mühsam und lange suchen, wobei die Suche auch erfolglos sein kann, wenn es keine oder zu wenige Verbindungen zwischen den Wörtern gibt.

Erleichtern Sie dem Gehirn die Ordnungsarbeit und führen Sie Wörter nach den Ordnungsprinzipien des mentalen Lexikons ein. Am besten funktioniert dies mittels sogenannter *word webs*, die Wörter in Form eines vereinfachten Spinnennetzes entsprechend ihren inhaltlichen Zusammenhängen anordnen. Mit diesen Schritten gelingt es Ihnen:

- Sehen Sie sich die Wörterliste des Lehrbuchs vorab an: Lassen sich die Wörter in Sachfelder, thematische Felder, Handlungsketten, Gegensatzpaare und Wortkombinationen einteilen? Lassen sich diese Felder miteinander logisch verknüpfen (z. B. als Handlungsablauf beim Einkauf)?
- Entwickeln Sie dann mit Ihren Schülern schrittweise *word webs* zu den eingeteilten Feldern an der Tafel.
- Besonders effektiv ist es, wenn die Erarbeitung mit einer konkreten Situation und passenden Bildern verknüpft wird, z. B. Herr F. hat einen Gutschein gewonnen und überlegt nun mit den Schülern, welche Kleidungsstücke er kaufen soll.
- Rekonstruieren Sie mit Ihren Schülern Schritt für Schritt die Einkaufshandlung und führen dabei die Wörter ein.

Wortschatzvermittlung

| FEHLER 2 | Isolierte Vokabeln statt idiomatischer Wortkombinationen vermitteln

✘ Fallbeispiel

In einer Stunde zum Hörverstehen möchte Praktikantin F. vor dem Hörtext einige Vokabeln einführen (z. B. *a picture/photo, homework etc.*). Am Stundenende sollen die Schüler den Hörtext schriftlich zusammenfassen und möglichst viele neue Vokabeln verwenden, die an der Tafel festgehalten wurden. Bei der Korrektur der Texte stellt die Praktikantin fest, dass viele Schüler falsche Wortkombinationen verwendet haben, z. B. *to make a picture,* anstatt: *to take a picture.*

? Ursachen und Hintergrund

Beim Sprechen oder Schreiben werden nicht nur Einzelwörter aneinandergereiht, meistens werden Kollokationen (z. B. *a heavy smoker*), Formeln (z. B. *How are you today?*) oder Phrasen (z. B. *an extremely good-looking young man*) verwendet. In der Fremdsprache müssen die Schüler daher nicht nur Wörter lernen, sondern auch gebräuchliche Wortkombinationen (z. B. *to do one's homework* und nicht *to make one's homework*). Kennen wir die Kombinationsregeln nicht, so greifen wir auf die in unserer Muttersprache üblichen Regeln zurück („Hausaufgaben machen"). Die Äußerungen sind dann zwar meist verständlich, aber sie irritieren den Gesprächspartner bzw. Leser und verdeutlichen die mangelnde Sprachkompetenz des Sprechers.

✓ Tipps

- Prüfen Sie den neuen Wortschatz vorab auf gängige Wortkombinationen. Hier ist das Heranziehen des aplphabetischen Verzeichnisses des Lehrbuchs oft hilfreich.
- Fixieren Sie die neuen Vokabeln als Teil dieser Kombination an der Tafel, z. B. *to take a picture/photo/snapshot, to do one's homework.* Präsentieren Sie die Wortkombination bestenfalls mittels eines Beispielsatzes im entsprechenden Sachkontext.
- Weisen Sie Ihre Schüler immer wieder deutlich auf diese Wortkombinationen hin. Besprechen Sie auch, dass die Kombination von Wörtern im Englischen eigenen Konventionen folgt und daher die unreflektierte Übertragung aus dem Deutschen gefährlich ist.

Wortschatzvermittlung

- Es ist sinnvoll, Übungen zu Wortkombinationen in den Unterricht einzubinden, z. B. einzelne Elemente zu vollständigen Kollokationen oder Phrasen zusammenstellen lassen. Auch die Arbeit mit dem Wörterbuch ist an dieser Stelle sinnvoll.

| FEHLER 3 | Aussprache- und Übersetzungsfehler bei neuen Wörtern verfestigen

✗ Fallbeispiel

Referendar W. möchte neue Vokabeln einführen: Dazu schreibt er das neue Wort (z. B. *landlord, acre, accuracy, dubious*) zunächst an die Tafel und erklärt es dann mittels Definition, Paraphrasierung etc. Danach überprüft er mündlich, ob seine Schüler die Wortbedeutungen richtig verstanden haben. Er wundert sich dabei über die falsche Aussprache der Wörter *dubious* – /dabjus/ und *accuracy* – /akjúrasi/. Außerdem haben viele Schüler die Bedeutung einiger Wörter vollkommen missverstanden. So wird zum Beispiel aus dem *landlord* ein „Großgrundbesitzer", statt einem Vermieter und *acre* ein „Acker" und kein Flächenmaß.

? Ursachen und Hintergrund

Wenn wir ein Wort in der Fremdsprache lesen, dann stellen wir Vermutungen über seine Bedeutung und seine Aussprache an. Diese Hypothesen erfolgen auf der Grundlage unserer Kenntnis der Muttersprache und der Fremdsprache(n), die wir bis zu diesem Zeitpunkt gelernt haben. Wir gelangen so zu falschen Spontanübersetzungen (z. B. *sensible* = „sensibel") aufgrund der orthografischen Ähnlichkeit (deshalb: *acre* = „Acker") oder auch aufgrund logischer Kombination (*lord* = Adeliger > Adelige besitzen häufig umfangreiche Ländereien > *landlord* = (adeliger) „Großgrundbesitzer"). Falsche Aussprachehypothesen entstehen meist durch Übergeneralisierung der bisher erkannten Ausspracheprinzipien. So wird z. B. die Betonung des Wortes *de'mocracy* auf '*accuracy* übertragen. Da „u" zwischen Konsonanten häufig als /ʌ/ gesprochen wird (z. B. *hut, but, mud, ...*), erfolgt auch hier falscher Transfer. Wie im Fall von Herrn W. werden durch die Erklärung des Lehrers die Spontanhypothesen nicht sofort durch die richtigen ersetzt. Viele Schüler bleiben bei ihrer eigenen Hypothese und schenken der Erklärung von Herrn W. keine Aufmerksamkeit mehr.

Wortschatzvermittlung

Damit sich falsche Spontanhypothesen zur Aussprache und Bedeutung von neuen Wörtern bei Ihren Schülern nicht verfestigen, sollten Sie folgende Tipps beachten:

- Erklären Sie die neuen Wörter zunächst mündlich. Am sinnvollsten ist es, das neue Wort mindestens mit zwei Verfahren zu erklären, z. B. mittels Definition und einem möglichst eindeutigen Beispielsatz.
- Halten sie das neue Wort erst nach der mündlichen Erklärung an der Tafel fest und nicht umgekehrt.
- Je nachdem wie schwierig die Aussprache des jeweiligen Wortes ist, sollten Sie darauf achten, das Wort mehrmals sehr deutlich auszusprechen. Denn nur durch häufige Wiederholung der korrekten Aussprache, können Ihre Schüler diese auch abspeichern.

| FEHLER 4 | Vokabellernen nur auf Wortschatz aus dem Lehrbuch beschränken und Schüler demotivieren

Fallbeispiel

Herr S. beginnt mit seinen Fünftklässlern die Unit „Free-time activities" aus dem Lehrbuch. Zur Einstimmung fragt er seine Schüler nach ihren Hobbys und führt dabei auch die Wörter ein, die das Wörterverzeichnis vorsieht. Die Schüler haben sichtlich Spaß an dem Thema und möchten die englischen Wörter für ihre Hobbys wissen (z. B. Holzschnitzen, Ballett, Bogenschießen, Kakteen sammeln, …). Herr S. wiegelt diese Fragen ab, da die Wörter nicht im Lehrbuch stehen und die Besprechung aller Hobbys zu weit führen würde. Als Hausaufgabe sollen die Schüler einen kurzen Text über „My favourite free-time activity" schreiben. Bei der Durchsicht der Schülertexte ist Herr S. enttäuscht über die Vielzahl der lieblos verfassten Texte und die austauschbaren Hobbys.

Wortschatzvermittlung

? Ursachen und Hintergrund

Schüler haben in den ersten Lernjahren des Englischunterrichts relativ selten Gelegenheit, ihre eigenen Interessen und Erfahrungen einzubringen. Diese sind jedoch der ideale Ausgangspunkt für den Erwerb neuen Wissens. Informationen, für die ein starkes Bedürfnis besteht und die auf Neugierde stoßen, werden besonders intensiv in unserem Gedächtnis vernetzt und erfordern einen geringeren Übungsaufwand. Wird dieser Wunsch nach persönlich relevanten Informationen abgeblockt, so entsteht auch schnell der Eindruck, dass Englischunterricht sich auf reines Lernen beschränkt und nicht zum Ziel hat, über interessante Inhalte in der Fremdsprache zu sprechen. Dies kann langfristig fatale Konsequenzen haben: Schüler sind letztlich nur dann zum selbstständigen Lernen bereit, wenn sie im Lernen Sinn und (persönlichen) Nutzen erkennen, d. h. hier über *ihre* Freizeitaktivitäten zu reden und dabei das, was *sie* dabei für wichtig halten, anderen in der Fremdsprache mitzuteilen.

✓ Tipps

Gehen Sie trotz Zeitmangels auf die Vokabelwünsche Ihrer Schüler ein:

- Sprechen Sie die gefragten Wörter deutlich vor und halten Sie diese z. B. auf einem Plakat fest damit sie längere Zeit im Klassenzimmer sichtbar sind.

- Stellen Sie Ihren Schülern Fragen, um die Wörter im Kontext zu gebrauchen (z. B. *Oh, you practise archery? Where do you practise archery? Is there an archery club in ... ?*). Durch die Wiederholungen schleift sich auch die richtige Aussprache ein.

- Besonders wichtig ist: Zeigen Sie Interesse an dem, was Ihren Schülern wichtig ist und nehmen Sie sie als Gesprächspartner ernst.

- Ermuntern Sie Ihre Schüler dazu, weitere Wortschatzprobleme zu Hause mithilfe des Lexikons zu lösen, damit sie möglichst das mitteilen können, was ihnen wichtig ist – dies ist eine wesentliche Voraussetzung zum langfristigen Aufbau von Schreibmotivation in der Fremdsprache.

Wortschatzvermittlung

| FEHLER 5 | Alle Wörter zum spielerischen Wörterüben verwenden und Aussprachefehler provozieren

✗ Fallbeispiel

Im Anfangsunterricht möchte Lehrerin A. einfache englische Wörter (z. B. *mother, father, nose, knees*) abwechslungsreich und spielerisch einüben.
Dazu lässt sie die Schüler die Wörter unterschiedlich laut artikulieren: Wenn Frau A. eine Bildkarte zusammen mit dem Bild eines weit aufgerissenen Mundes hochhält, sollen die Kinder das Wort laut schreien. Wird die Bildkarte von dem Bild eines fast geschlossenen Mundes begleitet, soll das Wort ganz leise geflüstert werden. Da die Schüler an dieser Übung viel Freude haben, setzt Frau A. diese Aktivität längere Zeit fort. Anschließend dürfen die Schüler eine Bildkarte wählen und das entsprechende Wort laut und deutlich sprechen. Dabei stellt Frau A. fest, dass die meisten Schüler die stimmhaften „th" und „s"- Laute stimmlos sprechen, obwohl sie bei der Einführung der Wörter die stimmhaften Laute besonders deutlich vorgesprochen hat.

? Ursachen und Hintergrund

Das spielerische Einüben von Wörtern mittels Flüstern und Schreien eignet sich nicht für alle Wörter gleichermaßen: Soll ein Laut stimmhaft gesprochen werden, so müssen bei der Artikulation die Stimmbänder vibrieren, was beim Flüstern nicht stattfindet. Dies bedeutet, dass die Schüler durch das Flüstern der Wörter die stimmlose Aussprache der kritischen Wörter intensiv geübt und dann bei der anschließenden Übung beibehalten haben.

✓ Tipps

Grundsätzlich sind unterschiedliche Artikulationsarten beim Einüben von Wörtern vor allem bei jüngeren Schülern effektiv und beliebt. Allerdings sollten Sie dabei auf Folgendes achten:

- Wählen Sie beim Flüstern keinesfalls Wörter aus, die stimmhafte Reibelaute (wie z. B. in *mother, knees, bridge*) enthalten.

- Beim „Schreien" der Wörter sollten Sie Ihren Schülern vorab erklären, dass sie dabei überdeutlich artikulieren müssen, damit das Echo das Wort auch richtig zurücksenden kann. Tipp: Spielen Sie selbst das Echo, das in normaler Lautstärke, aber mit überdeutlichen Zungen- und Lippenbewegungen jedes Wort wiederholt.

| FEHLER 6 | Bewegungslernen beim Wörterüben falsch einsetzen

✗ Fallbeispiel

Referendar T. ist davon überzeugt, dass die Kombination von Bewegung und Lernen zu besseren Lernergebnissen führt. Deshalb baut er am Ende seiner Englischstunde immer eine fünfminütige Übungsphase ein, in der die Schüler den Wortschatz der Stunde wiederholen. Dabei sprechen sie das Wort laut aus und führen dazu eine beliebige Bewegung ihrer Wahl aus. Die von Herrn T. regelmäßig durchgeführten Wortschatztests zeigen ihm allerdings, dass sich der Lernerfolg bei seinen Schülern nicht deutlich gesteigert hat.

? Ursachen und Hintergrund

Grundsätzlich ist es sinnvoll, Bewegung in den Lernprozess zu integrieren. Bewegung trägt zu einer entspannten und angenehmen Lernatmosphäre bei, was wiederum eine Grundvoraussetzung für effektives Speichern von Informationen ist. Das Abspeichern gelingt aber nur dann, wenn ein enger Zusammenhang zwischen der Information und der Bewegung besteht. Beim Abrufen des Wortes kommt es dann zu einer Assoziation mit einer bestimmten Handlung oder Situation, wodurch das Wort gezielt aktiviert werden kann.

✓ Tipps

Damit das Wörterlernen mit Bewegung für Ihre Schüler auch einen Mehrwert bringt, sollten Sie auf folgende Tipps achten:
- Lassen Sie Ihre Schüler nicht nur Einzelwörter, sondern Sätze sprechen, die sich auf eine konkrete, leicht vorstellbare Situation beziehen (*I'm scared of dogs.*, anstatt *to be scared*). Sinnvollerweise sollten die Schüler die Sätze selbst entwerfen.

Wortschatzvermittlung

- Leiten Sie Ihre Schüler dazu an, dass Sie ihren Satz bzw. die Situation mittels Mimik, Bewegung und (sehr wichtig) auch Stimme in eine Kurzszene umsetzen (z. B. Gesicht angstvoll verzerren, Hände abwehrend vor den Körper halten und angstvoll-hysterisch schreien) (vgl. Böttger/Sambanis 2017). Auf diese Weise wird eine enge Verbindung zwischen dem Wort und seiner Bedeutung und prototypischen Anwendungssituationen geschaffen, die das schnelle Abrufen erleichtert. Dieses Verfahren stößt natürlich an seine Grenzen, wenn abstraktes Vokabular erworben werden soll.

| FEHLER 7 | Wortverständnis auf die gleiche Weise testen, wie man die Wörter eingeführt hat

Fallbeispiel

Referendar H. möchte in seiner 6. Klasse Vokabeln einführen: Er klärt ihre Bedeutung mittels Definitionen (z. B. *dishwasher*), Bildern (*napkin*), oder mithilfe von Gegensatzpaaren (*heavy*) und Funktionsbeschreibungen (*wheelchair*). Nach jeweils 3–4 Wörtern führt er eine Verständniskontrolle durch, bei der er sich der vorher verwendeten Verfahren und Formulierungen bedient (z. B. *What is the opposite of "light"? What is the English word for a machine that cleans your dirty cups and plates? etc.*). Er ist mit den Ergebnissen zufrieden und will den Wortschatz nun mithilfe eines Lückentextes festigen. Beim Auswerten der Ergebnisse stellt er leider fest, dass sich die Schüler viel weniger Wörter gemerkt haben als er aufgrund der erfolgreichen Verständniskontrollen erwartet hätte.

Ursachen und Hintergrund

Ein wesentlicher Grund dafür, dass die Ergebnisse des Lückentextes nicht wie von Herrn H. erwartet ausfallen, liegt in der Art und Weise, wie Herr H. das Verständnis testet. Mit seinem Lückentext testet der Referendar lediglich, ob die Schüler die Kopplung von Information 1 (= *dishwasher*) und Information 2 (= Definition) richtig rekonstruieren konnten. Dies *kann* bedeuten, dass die Schüler die Wortbedeutung verstanden haben; es kann aber auch bedeuten, dass die Schüler sich nur an die Kombination der beiden Informationen erinnern. Haben die Schüler die Bedeutung wirklich verstanden, so sollten sie in der Lage sein, ihr eigenes (Welt-)Wissen zur Klärung des Wortes bei der Verständniskontrolle zu verwenden (z. B. in einer Pantomime das Tragen einer schweren Last darstellen oder erklären und zeigen, wofür *„napkins"* gebraucht werden). Nur dann, wenn die Verständniskontrolle nicht nur reine Reproduktion des Einführungsverfahrens ist, kann der Lehrer wirklich feststellen, ob nicht falsche Hypothesen über die Wortbedeutung vorliegen.

Tipps

Die Verständniskontrolle hat zum Ziel, ein möglichst eindeutiges Feedback über den Stand der Bedeutungserschließung seitens der Schüler zu liefern. Beachten Sie daher folgende Tipps zur Verständniskontrolle:

- Vermeiden Sie es, identische Verfahren und Formulierungen für die Einführung und Verständniskontrolle zu verwenden. Das setzt eine genaue Planung voraus.

- Setzen Sie mehrere, einander ergänzende Verfahren für die Verständnisüberprüfung ein. Haben Sie z. B. das Wort *dishwasher* mittels einer Definition erklärt (*a machine which…*), so könnten Sie bei der Verständniskontrolle fragen: *„What do you do if the dishwasher is out of order?"* Die Schüler müssen die Tätigkeit des Abspülens daraufhin pantomimisch demonstrieren, ebenso wie das Ein- und Ausräumen des Geschirrspülers.

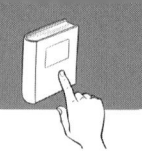

Grammatik

| FEHLER 8 | Die Geduld beim Erwerb des Third-person-singular-s verlieren

Fallbeispiel

Referendarin B. unterrichtet Englisch in einer 8. Klasse und bereitet sich auf ihre Lehrprobenstunde vor. Weil sie darin den Fokus auf die mündliche Kommunikation legen möchte, übt sie regelmäßig Rollenspiele und Diskussionen. Frau B. wählt interessante Themen aus, weshalb die Schüler gerne sprechen. Allerdings vergessen sie bei Verben in der 3. Person Singular Präsens häufig das „s". Korrekturen bleiben offensichtlich fruchtlos. Als dieser Fehler bei einem lebhaften Unterrichtsgespräch erneut ungewöhnlich oft auftritt, entlädt sich die wachsende Verärgerung von Frau B. in einer heftigen Standpauke: „Wieso kapiert ihr das nicht endlich? Wie kann man so etwas Einfaches in der 8. Klasse immer noch nicht beherrschen!"

Ursachen und Hintergrund

Mit Sicherheit *wissen* die Schüler, dass der Gebrauch der Verben in der 3. Person Singular Präsens ein „s" am Wortende erfordert. Sie haben diese grammatische Operation verstanden, aber noch nicht *erworben*, d. h. sie sind noch nicht in der Lage, sie in der überwiegenden Zahl der Äußerungen, spontan und richtig durchzuführen. Daher stellt sich die Frage, wieso der Erwerb so lange dauert. Das *Third-person-singular-s* ist nur scheinbar einfach, denn der Sprecher muss dabei ein wort- und satzübergreifendes Konzept („Ich sage etwas im Präsens.") und dabei auch die Bedingungen für das *Simple present* (im Gegensatz zum *Present progressive*) im Kopf behalten. Außerdem muss er die Information „3. Person Singular" vom Subjekt zum Verb transportieren. Dieser komplexe Verarbeitungsprozess klappt reibungslos (!) meist relativ spät beim Erwerb der englischen Sprache. Manfred Pienemann hat für zahlreiche Grammatikstrukturen des Englischen eine Erwerbsstufenskala entwickelt (vgl. Pienemann 1998). Auf dieser Skala befindet sich das *Third-person-singular-s* auf der fünften von insgesamt sechs Erwerbsstufen, d. h. obwohl es sehr früh gelehrt wird, wird es erst sehr spät „erworben". Aus diesem Grund vergessen es die Schüler häufig, wenn sie frei sprechen und nicht die Zeit haben, über Grammatik nachzudenken.

Grammatik

Es ist ganz natürlich, dass Ihre Schüler diese Grammatiktransformation „falsch machen" (und zwar über die 8. Klasse hinaus), wenn die Aufmerksamkeit beim Sprechen oder Schreiben dem Inhalt gilt und nicht der Grammatik.

- Da ein Überspringen von Erwerbsstufen nicht möglich ist, wäre es unökonomisch (und zudem demotivierend), wenn Sie die Grammatikstruktur unter hohem Zeitaufwand intensiv üben. Andererseits ist völlige Resignation, z. B. völliger Verzicht auf Korrektur und Hinweise auch nicht angebracht, denn Feedback und Üben können die Verweildauer auf einer Erwerbsstufe verkürzen.

- Korrigieren Sie in Kommunikationssituationen gelegentlich das Fehlen des *Third-person-singular-s* indirekt, d. h. durch richtiges Wiederholen des Satzteils bzw. Satzes in der richtigen Form, ohne den Kommunikationsverlauf zu stören.

- Entwerfen Sie mit Ihren Schülern gemeinsam ein Grammatikposter (z. B. *He, she, it – the "s" must fit!* inklusive einiger kurzer Beispielsätze) und hängen es an einer gut sichtbaren Stelle im Klassenzimmer auf. Zögert ein Schüler oder wirkt unsicher bei der Äußerung eines Verbs, können Sie mit einer kleinen Geste auf das Poster verweisen.

- Im Übrigen gilt: Sie sollten mit Ihren Schülern viel in der Fremdsprache kommunizieren und so den spontanen Gebrauch dieser Grammatikstruktur fördern und sich ansonsten in Geduld und Gelassenheit üben.

| FEHLER 9 | Grammatik trocken einführen und den kommunikativen Nutzen verfehlen

✗ Fallbeispiel

Frau S. behandelt in ihrer Klasse das *Going to-future*. Dazu lässt sie die Schüler in einem Lehrbuchtext Sätze finden, die das *Going to-future* enthalten und analysiert anschließend gemeinsam mit ihnen diese Grammatikstruktur. Dann festigt sie die neue Zeitform durch eine Reihe von Übungen. Die Schüler arbeiten geduldig, aber erkennbar ohne Begeisterung. Für Frau S. und ihre Schüler verlief die Stunde ziemlich zäh und langweilig ab.

Grammatik

? Ursachen und Hintergrund

Im Alltag verwenden wir Grammatik, um wichtige Informationen mitzuteilen (z. B. vom letzten Urlaub erzählen im *Past tense*; die Ideen für die Einrichtung einer neuen Wohnung abwägen mit *Conditionals*). Dieser praktische kommunikative Nutzen von Grammatik wird den Schülern von Frau S. nicht klar (gemacht); für sie bleibt daher das *Going to-future* nur ein Grammatikproblem, das ohne Bezug zu ihrem Leben und ihren kommunikativen Bedürfnissen lediglich formal geübt wird. Da ihnen der kommunikative Wert der Struktur nicht von Anfang an verdeutlicht wird, besteht die Stunde für sie nur aus „Grammatik" und ist daher nicht sehr motivierend.

✓ Tipps

Verdeutlichen Sie Ihren Schülern bereits zum Stundenbeginn, welche alltagsrelevante Kompetenz sie mit der jeweiligen Grammatik erwerben werden (z. B. über Pläne und Absichten sprechen) und in welchen Situationen sie diese Kompetenzen brauchen können (z. B. mit einem Gastschüler die Pläne der Familie für das Wochenende besprechen).

- Demonstrieren Sie Ihren Schülern die Kompetenz zunächst vorbildhaft, indem Sie ihnen von Ihren Plänen für das kommende Wochenende erzählen. Erklären Sie ihnen, dass Sie ihren Mitschülern am Stundenende im *Milling-around*-Verfahren von ihren eigenen Wochenendplänen berichten und sie zum Mitmachen begeistern sollen. Auf diese Weise wird auch der Nutzen der Übungsphase einsichtiger, denn die Übungsphase soll sicherstellen, dass die anschließende kommunikative Tätigkeit ohne größere sprachliche Probleme durchgeführt werden kann. Werden in die Übungsphase zudem spielerische Elemente integriert (wenn z. B. bei der Versprachlichung von Bildern zwar die Personen sichtbar sind, die geplanten Aktivitäten aber zum größten Teil abgedeckt bleiben, sodass diese erraten werden müssen), so kann dies die Motivation zusätzlich erhöhen.

Grammatik

| FEHLER 10 | Zu wenige Satzbeispiele für die Grammatikeinführung auswählen

✗ Fallbeispiel

Praktikantin W. möchte ihren Schülern den Unterschied zwischen dem *Present perfect* und dem *Simple past* vermitteln. Um den Unterschied zu verdeutlichen, schreibt sie jeweils zwei Beispielsätze an die Tafel:

A:
Ben went to high school for four years.

Ben had a dog when he was a little boy.

B:
Ben has now been at the university for two years.

Ben has not had any animals for five years.

Dann fragt sie die Schüler, worin der Unterschied zwischen den Satzgruppen A und B besteht. Die Schüler schweigen zunächst etwas hilflos und versuchen dann, ohne klare Zielrichtung Unterschiede zu erraten (z. B. „Rechts sind mehr Zahlen. etc."). Frustriert gibt Frau W. ihr induktives Verfahren auf und erklärt den Schülern die Unterschiede selbst.

? Ursachen und Hintergrund

Sollen Schüler aus Textbeispielen Grammatikregeln selbst erschließen, so müssen sie zunächst Hypothesen aufstellen. Eine sinnvolle Hypothese braucht aber ein klar definiertes Problem und eine Zielrichtung. Die Fragestellung von Frau W. *(What's the difference?)* ist zu vage, denn Unterschiede zwischen den Sätzen gibt es in mehreren Kategorien (Satzlänge, Inhalt, Verbformen, Zeitangaben etc.). Zudem brauchen wir, um ein Prinzip – hier eine Grammatikregel – zu erkennen, mehr als nur zwei Beispielsätze, da wir zunächst eine unsichere Hypothese aufstellen. Anhand weiterer Beispiele und schließlich durch Üben und Feedback zur Richtigkeit der Hypothese wird diese auf ihre Korrektheit überprüft. Dazu sind neben einer größeren Zahl von Beispielsätzen auch

Grammatik

möglichst eindeutige Kontexte nötig, die das grammatikalische Konzept klar und unmissverständlich widerspiegeln. Der Satz „Ben went to high school for four years." ist mit seinem Konzept „Dieser Lebensabschnitt ist abgeschlossen." meist nur für die jenigen Lerner klar, die mit diesem Konzept bereits vertraut sind, d. h. die Funktion des *Simple past* schon kennen.

Um ein grammatikalisches Phänomen anhand von Satzbeispielen einzuführen, ist es wichtig, dass Sie *mehrere* Beispielsätze präsentieren. Unterstützen Sie diese Beispielsätze mittels Bildern. Bei der Unterscheidung zwischen dem *Simple past* und dem *Present perfect* müssen die Konzepte „Abgeschlossenheit" vs. „Fortdauer" verdeutlicht werden. Hier ein Beispiel:

We have lived in this house for 35 years.

We lived in this house for 37 years.

- Klären Sie die Bilder zunächst inhaltlich (z. B. Was ist passiert? Was ist die derzeitige Situation? Was ergibt sich daraus für die Zukunft?). Arbeiten Sie dann aus diesen Ergebnissen die unterschiedlichen Vergangenheitskonzepte und dann die sprachliche Formulierung heraus.

| FEHLER 11 | Grammatik ohne Kommunikationssituation einüben

✗ Fallbeispiel

Frau N. unterrichtet gerne Grammatik. Durch viele und sehr abwechslungsreiche Übungen versucht sie, die Grammatik intensiv zu festigen und so die Zahl der Grammatikfehler in den Tests möglichst gering zu halten. Vor einigen Monaten hat Frau N. in ihrer Klasse einen „Kummerkasten" eingeführt, in den die Schüler anonyme Anmerkungen zum Unterricht einwerfen können. Als Frau N. wieder einmal den Kummerkasten leert, findet sie einige kritische Kommentare zu ihrem Grammatikunterricht, der „langweilig", „trocken" und „nur Paukerei" sei. Ein Zettel mit der Frage „Wozu braucht man überhaupt so viel Grammatik?" irritiert sie besonders.

? Ursachen und Hintergrund

Schülerbefragungen zeigen, dass Schüler den Sinn des Fremdsprachenerwerbs vor allem in einem Punkt sehen: Der Möglichkeit über Sprachgrenzen hinweg zu kommunizieren. Im Unterricht von Frau N. wurde den Schülern wahrscheinlich die Bedeutung von Grammatik für die Kommunikation nicht klar. Ein wesentlicher Grund könnte darin liegen, dass Frau N. zwar intensiv Grammatik *üben* lässt, die *Anwendung* der Grammatik in Kommunikationssituationen, die für Schüler bedeutsam sind, aber vernachlässigt. Daher erschließt sich den Schülern auch nicht der konkrete Nutzen des jeweiligen Grammatikphänomens. Grammatik bleibt so für die Schüler eben nur „Lernstoff" und wird nicht als ein wichtiger funktionaler Baustein der Kommunikation verstanden.

✓ Tipps

Beschränken Sie Ihre Grammatikarbeit nicht nur auf Übungen. Spätestens dann, wenn die Schüler die Grammatikstruktur einigermaßen sicher in Übungen verwenden können, sollten sie Gelegenheit erhalten, sie in einer gelenkten oder freien kommunikativen Aktivität möglichst realitätsnah anzuwenden (je nach Klassenstufe und Können).

- Überlegen Sie sich zunächst, in welchen Situationen/Handlungen das jeweilige Grammatikphänomen in der Realität Verwendung findet und ob diese Situation oder Handlung auf das Klassenzimmer übertragbar ist. Manchmal ist dies problemlos

Grammatik

möglich (z. B. einem Partner vom letzten Wochenende berichten und dabei das *Simple past* verwenden), häufig sind jedoch ein spielerischer Rahmen und eine „*Let's pretend*"-Situation erforderlich, z. B.:

- Anwendung des *Conditional II*: Diese Struktur wird häufig verwendet, um höfliche Ratschläge zu geben, z. B. *If I were you I would/wouldn't…/ If I were in your place I would/wouldn't…*. Eine mögliche Anwendungsaktivität ist die Folgende: Jeder Schüler überlegt sich ein Urlaubsreiseziel, macht sich zu seinen Reisestationen und -aktivitäten kurze Notizen und erzählt seine Reisepläne dann seinem Partner. Dieser unterbricht immer wieder und gibt „gute Ratschläge" mithilfe des *Conditional II*.

- Anwendung von *Passive voice* in der Vergangenheit: Diese Struktur tritt oft in sachlichen und formellen Berichten auf, z. B. in Nachrichtensendungen. Eine gute Anwendungsaktivität ist die Folgende: Jeweils vier Schüler erhalten ein Foto mit einem dramatischen Ereignis (Naturkatastrophe, Unfall, …). Sie erstellen dazu einen Nachrichtentext, den anschließend ein Gruppenmitglied der Klasse als „Nachrichtensprecher im Fernsehen" bei gleichzeitiger Projektion des Bildes vorträgt. Dabei müssen sie so viele Passivformen verwenden wie möglich.

| FEHLER 12 | Lückentexte falsch gestalten

✗ Fallbeispiel

Praktikantin T. soll in einer 6. Klasse wichtigen Wortschatz wiederholen. Dazu hat sie mehrere Übungen entworfen, die aus Einzelsätzen mit jeweils einer Lücke bestehen, in die das passende Wort eingefüllt werden soll. Die Schüler müssen die Sätze in Einzelarbeit in ihr Heft schreiben und das eingefügte Wort unterstreichen, um zusätzlich die englische Rechtschreibung zu üben. Die Schüler benötigen viel Zeit und werden während der Stunde nicht fertig. Die Zeitplanung der Praktikantin geht nicht auf. Bei der Korrektur der eingesammelten Hefte fällt der Praktikantin auf, dass die Schüler häufig unpassende Wörter für die Lücken gewählt haben. Auffallend sind auch die vielen Rechtschreibfehler.

? Ursachen und Hintergrund

Viele Schüler sind auch in der 6. Klasse noch keine routinierten und schnellen Schreiber, weswegen das Schreiben auf das Einsetzen des fehlenden Wortes beschränkt werden sollte.

Die häufige Wahl „unpassender" Wörter liegt wahrscheinlich daran, dass die Wiederholung von Frau T. aus isolierten Einzelsätzen besteht und nicht aus einem zusammenhängenden Text mit einer klaren Handlung oder Situation. Ob ein Wort „passt" oder nicht ergibt sich oft erst aus der Interpretation einer Situation – ein einzelner Satz ermöglicht den dafür notwendigen Kontext häufig nicht.

Die hohe Zahl der Rechtschreibfehler lässt sich folgendermaßen erklären: Müssen die Schüler sowohl fehlende Wörter finden und zusätzlich abschreiben, liegt ihr Fokus auf der Suche nach dem fehlenden Wort. Das Abschreiben ist „lästige" Begleitarbeit. Das Ergebnis im Heft gibt trotz der vorhandenen Textvorlage die falschen Rechtschreibhypothesen der Schüler wieder. Mit Sicherheit sind daneben Flüchtigkeitsfehler und Unachtsamkeiten, wie fehlende Buchstaben und Buchstabenumstellungen, zu finden.

✓ Tipps

Achten Sie bei der Erstellung von Lückentexten auf folgende Aspekte:
- Betten Sie die Vokabelübung in zusammenhängende Texte mit einer klaren Situation bzw. Handlung ein.

Übungsphase

- Anfangs kann es sehr hilfreich sein, die Lückentexte an einen Kollegen zur kritischen Prüfung zu geben. Dieser kann Feedback geben, ob die Kontexte zu vage sind oder klar genug auf das erwartete Wort hinweisen.

- Prüfen Sie, was Sie überprüfen möchten. Bei Vokabelübungen geht es auch um die Schreibung der entsprechenden Wörter. Allerdings sollten Sie sich im Lückentext nur auf das fehlende Wort beschränken, denn der angestrebte Prozess ist der Abruf eines Wortes nach dem Erschließen des Kontextes. Nur dann befinden sich Zeitaufwand und Lernertrag in einem sinnvollen Verhältnis zueinander. Außerdem: Für das Üben der Rechtschreibung stehen sinnvollere Übungen zur Verfügung!

| FEHLER 13 | Den richtigen Umfang einer Übungsaufgabe verfehlen

✗ Fallbeispiel

Referendar M. möchte in seiner 8. Klasse als Vorbereitung auf die Schulaufgabe wichtige Grammatikprobleme wiederholen und entwirft dazu einige Übungen. Weil Herr M. keine monotone Grammatikpaukerei beabsichtigt, beschränkt er jede Übung auf sechs Sätze. Am Ende der Stunde hat Herr M. den Eindruck, dass er mit den Grammatikkenntnissen seiner Schüler zufrieden sein kann. Als er einige Tage später die Schulaufgabe korrigiert, stellt er eine unerwartet hohe Fehlerzahl im *Mixed grammar*-Teil und in der gesteuerten Schreibaufgabe fest.

? Ursachen und Hintergrund

Übungen haben immer zwei Funktionen: Sie sollen einerseits eine Diagnose des Wissens- und Könnensstandes der Schüler erlauben. Dazu müssen sie Fehler ermöglichen, d. h. sie dürfen nicht so leicht konzipiert sein, dass Schüler mittels Taktik oder bloßer Reproduktion die Übung problemlos bewältigen können. Die Übung soll darüber Aufschluss geben, ob in einer Klasse schon richtige Hypothesen über ein Grammatikphänomen vorhanden sind oder ob die Hypothesen noch unsicher sind (dann pendeln die Schüler unsystematisch zwischen richtigen und verschiedenen falschen Lösungen hin und her). Es kann auch sein, dass grundsätzlich falsche Hypothesen vorliegen, deren Inkorrektheit den Schülern nicht bewusst ist. Die Zuverlässigkeit dieser Diagnose ist von großer Bedeutung, denn das Ergebnis entscheidet darüber, ob eine Fehlertherapie durchgeführt werden muss und wie anspruchsvoll die folgenden Übungen sein sollten. Diese Diagnose braucht eine breite Datenbasis: Ist eine Übung zu kurz, so liefert sie nur ein sehr unzuverlässiges Bild des Könnensstandes, denn mehrere zufällig richtige Lösungen oder die unbeabsichtigte Auswahl der guten Schüler beim Aufrufen kann zur Illusion „Die können das jetzt!" führen.

Andererseits ist eine Übung stets auch Wiederholung, Festigung und Transfer und Voraussetzung für die kommunikative Anwendung. Dies setzt allerdings intensives Üben und damit ebenfalls einen größeren Umfang der Übungen voraus.

Tipps

- Gestalten Sie Ihre Übungsaufgaben so, dass Ihre Schüler ein Grammatikphänomen mindestens 10 – 12 Mal verwenden müssen und richtige Lösungen nicht nur wegen taktischer Schläue („Nach zweimal *Simple past* kommt dann einmal *Present perfect* ...") gefunden werden.
- Achten Sie beim Schwierigkeitsniveau darauf, dass die Aufgabe Ihre Schüler so fordert, dass unsichere und falsche Hypothesen zu erkennbaren Fehlern führen.
- Bedenken Sie, dass sich die Schüler einer Klasse auf unterschiedlichen Wissens- und Könnensstufen befinden. Bieten Sie daher differenzierte Übungen an, die Transferleistungen auf unterschiedlichen Komplexitätsstufen verlangen.

| FEHLER 14 | Beim rezeptiven Üben von Wörtern stehen bleiben

Fallbeispiel

Frau B. führt in ihrer 5. Klasse das Sachfeld „*clothes*" ein. Sie möchte auf den Englischunterricht in der Grundschule aufbauen und ihren Schülern so den Übergang in die Sekundarstufe erleichtern. Darum setzt sie spielerische Übungsverfahren ein. Sie lässt Wort- und Bildkarten an der Tafel zuordnen, Schüler das entsprechende Bild hochhalten, nachdem sie das Wort ausgesprochen hat und die Schüler eine Figur an der Tafel je nach der vorgegebenen Jahreszeit mithilfe von Bildern anziehen *(It's winter. What does Sammy put on – a coat or swimming trunks?)*. In der Folgestunde möchte Frau B. den Wortschatz wiederholen, indem sie die Schüler die Kleidung verschiedener

Übungsphase

Mitschüler benennen lässt. Sie ist enttäuscht, da die Schüler viele Wörter offensichtlich vergessen haben.

Ursachen und Hintergrund

Rezeptives Üben zu Beginn der Übungseinheit ist sinnvoll: Der Lehrer präsentiert den Schülern wiederholt das richtige Aussprachemodell. Das gibt vor allem den schwächeren Schülern Sicherheit und Erfolgserlebnisse, da rezeptives Abrufen leichter ist als produktives. Allerdings zeigt eine Reihe von Studien (z. B. Karpicke/Roediger III 2008), dass zu langes rezeptives Üben vergleichsweise ineffektiv ist. Sobald die Bedeutung eines englischen Wortes richtig abgerufen werden kann, sollte der Übergang zum produktiven Üben und damit zum aktiven Abrufen des englischen Wortes (z. B. vom Bild zum Wort) erfolgen. Diese produktiven Übungen sollten stets alle Wörter dieser Einheit umfassen, d. h. auch diejenigen, die nach den ersten Übungen offensichtlich beherrscht werden.

Tipps

Achten Sie darauf, dass Sie neben rezeptiven, auch produktive Übungsphasen einplanen:

- Setzen Sie rezeptive Übungen ein, um die Bedeutung der Wörter zu klären und deren Aussprache einzuüben.

- Versuchen Sie abzuschätzen, ab welchem Zeitpunkt auch die Schüler mit erfahrungsgemäß schlechteren Gedächtnisleistungen die Wortbedeutungen abrufen können und gehen dann zu produktiven Übungen über. Dafür eignen sich z. B. Bilder, Pantomimen, Definitionen und Sätze mit Nonsens-Wörtern, zu denen die passenden Wörter abgerufen werden müssen.

- Auf die Phase produktiver Übungen kann ein Übergang zum (kommunikativen) Anwenden erfolgen (z. B. Beschreibung der Kleidung eines Klassenkameraden, der aufgrund dieser Beschreibung erraten werden muss). Auch hier muss der richtige Zeitpunkt von Ihnen abgeschätzt werden.

- Da der Zeitpunkt des möglichen Übergangs von Schüler zu Schüler verschieden ist, bietet sich auch hier differenziertes Üben an.

Übungsphase

| FEHLER 15 | Englische Arbeitsanweisungen unklar oder missverständlich formulieren

✗ Fallbeispiel

Praktikant O. möchte in einer 6. Klasse häufig vorkommende Wortkombinationen üben: Er hat ein Arbeitsblatt entworfen, das einen Lückentext enthält. Zusätzlich zum Lückentext hat er auf dem Arbeitsblatt als Hilfestellung auch einige Wortkombinationen festgehalten (z. B. *to get on + a bus; to go by + train; to be good at + football*). Die Wortkombinationen stehen durcheinander und ohne Systematik in einem Kasten. Herr O. gibt den Schülern auf Englisch die Anweisung, zunächst die passenden Komponenten richtig zusammenzusetzen und die Wortkombination dann an den Rand des Arbeitsblattes zu schreiben. Dann sollen sie den Lückentext lesen und die Wortkombinationen in die richtigen Lücken einsetzen. Da die Schüler den Arbeitsauftrag nicht verstehen, wiederholt Herr O. ihn. Diesmal aber langsamer und mit Pausen. Auch nach Wiederholung der Anweisung beginnen nur wenige Schüler mit dem Arbeitsblatt. Herr O. formuliert die Arbeitsanweisung letztlich auf Deutsch.

? Ursachen und Hintergrund

Arbeitsanweisungen enthalten bei komplexeren Übungen häufig Wörter (hier z. B. *margin, gap, …*), die den Schülern (noch) nicht vertraut sind. Auch der Umfang der Arbeitsanweisung ist recht lang, sodass die Schüler zwei Probleme gleichzeitig lösen müssen: Sie müssen ohne Unterstützung durch einen eindeutigen Kontext, wie z. B. eine begleitende Handlung oder Bildinformation, unbekannte Wörter erschließen, die Arbeitsanweisung verstehen und gleichzeitig zahlreiche wichtige Informationen speichern. Wenn die Schüler mit dem Typus des Arbeitsblattes noch nicht vertraut sind, sind sie schnell überfordert und wissen nicht was sie tun sollen.

✓ Tipps

- Halten Sie Ihre Arbeitsblätter grundsätzlich als Folie oder als Kopie für die Dokumentenkamera bereit. So können Sie Ihren Schülern die erwartete Tätigkeit demonstrieren.

Übungsphase

- Erklären Sie die Aufgaben anhand eines Beispiels. Führen Sie im Anschluss daran ein weiteres Beispiel gemeinsam mit Ihren Schülern aus. Auf diese Weise kann sichergestellt werden, dass die Schüler die Arbeitsanweisung auch wirklich verstanden haben.

- Heben Sie unbekannte Schlüsselbegriffe, an die sich die Schüler bei zukünftigen Übungen erinnern sollten, mit der Sandwich-Technik (Butzkamm 2011) besonders hervor. Verwenden Sie dazu zunächst das englische Wort (z. B. *margin*), übersetzen es, wiederholen dann das englische Wort und fahren mit der Arbeitsanweisung fort.

| FEHLER 16 | Auf *Pre-listening activities* verzichten

✗ Fallbeispiel

Herr P. will in einer 8. Klasse das Hörverstehen seiner Schüler trainieren. Er hat einen Text über Straßenkünstler in London ausgewählt, der nicht im Lehrbuch enthalten ist und seine Schüler interessieren könnte. Er verzichtet auf *Pre-listening activities*, weil er eine möglichst realitätsnahe Hörsituation schaffen möchte und weil er zeitaufwändige *Post-listening activities* geplant hat. Sofort nach dem Stundenbeginn präsentiert er den Hörtext mit der Arbeitsanweisung *„Listen carefully!"*. Beim Beobachten der Schüler stellt er während des ersten Textabschnitts große Anspannung und Zeichen von Verständnisproblemen fest. Die anschließende Verständniskontrolle zeigt ihm, dass die Schüler nur wenige Informationen aus dem ersten Textabschnitt erfasst bzw. sie manches missverstanden haben.

? Ursachen und Hintergrund

Hören ohne einleitende Informationen entspricht meist nicht der realistischen Hörsituation, denn in vielen Fällen helfen uns meist visuelle Informationen, uns auf einen Hörtext vorzubereiten. Wenn wir uns z. B. einem Bahnhof nähern, dann aktiviert unser Gedächtnis automatisch die Wissensschemata, die uns helfen, auch mit akustisch schwer verständlichen Aussagen zurechtzukommen. Mithilfe dieses Vorwissens können wir viel Unverständliches erschließen. *Pre-listening activities* haben daher die wichtige Funktion, den Kontext des Hörtextes (die Situation, vorangegangene Handlungen, Wissen über die sprechenden Personen, …) zu liefern, der beim außerschulischen Hören meist vorhanden ist. Das Vorwissen, das wir auf diese Weise aktivieren und an den Hörtext herantragen, hilft dem Hörer nicht nur unbekannte Wörter und (aufgrund von Nebengeräuschen) unverständliche Passagen zu erschließen; es erlaubt ihm auch, die Informationen schneller zu verarbeiten und sinnvoll zu strukturieren.

✓ Tipps

Hörtexte können im Klassenzimmer zwangsläufig nur ohne den natürlichen Kontext präsentiert werden. Auch können Ihre Schüler bei Hörtexten, die nicht Teil des Lehrwerks sind, nicht auf ihr thematisches Lehrbuchwissen zurückgreifen.

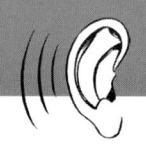

Texte hören

- Achten Sie daher darauf, dass Sie den fehlenden Kontext bei Hörtexten immer durch *Pre-listening activities* kompensieren.
- Zeigen Sie z. B. einige Bilder oder führen Sie ein kurzes Gespräch über den Hörtext. Auch eine kurze Erzählung Ihrer eigenen Erfahrungen kann das nötige Vorwissen Ihrer Schüler aktivieren und dafür sorgen, dass von Textbeginn an die Informationen mit dem Vorwissen sinnvoll verknüpft werden. So wird das Strukturieren und Speichern der Informationen erleichtert. Dies ist besonders wichtig für weniger effiziente Hörer, da diese sonst aufgrund der Verständnisprobleme zu Beginn resignieren und ihre Höranstrengungen einstellen.

| FEHLER 17 | Hörtexte mitlesen lassen

Fallbeispiel

Referendarin S. hat eine 6. Klasse übernommen, die ihr Betreuungslehrer als eine schwache Klasse mit ziemlichen Problemen im Englischen beschrieben hat. Frau S. will eine Stunde zum Hörverstehen halten. Sie möchte ihren Schülern in dieser Stunde das Hören erleichtern und so ihr Selbstvertrauen aufbauen. Deshalb lässt sie die Schüler während des Hörens den Text im Lehrbuch mitlesen. Als sie anschließend das Textverständnis überprüft, ist sie mit der Hörverstehensleistung ihrer Schüler recht zufrieden. Der Betreuungslehrer kritisiert, dass sie das Hörverstehen gar nicht überprüft hat.

Ursachen und Hintergrund

Schüler sollten beim Hören englischer Texte das schnelle Dekodieren automatisieren und geeignete Hörstrategien entwickeln, z. B. Wörter- und Textstellen erschließen, mit nicht erschließbaren Einheiten zurechtkommen ohne das Hören zu unterbrechen etc. All dies muss unter dem Zeitdruck des Hörtextes erfolgen, sonst können Schüler später in Prüfungen oder in der außerschulischen Realität keine schwierigen Hörsituationen bewältigen. Haben die Schüler die Möglichkeit, den Text während des Hörens mitzulesen, so entwickeln sie diese Fähigkeiten meist nur unzulänglich, denn bei Verstehensproblemen können sie jederzeit das Hören aufgeben und über die schriftliche Textstelle nachdenken. Zudem haben sie mit dem Schriftbild eine weitere Informationsquelle, die das Verstehen und Erschließen erheblich erleichtert – die aber in der Realität nur

Texte hören

höchst selten vorhanden ist. Das Hörverstehen muss daher allein anhand der Geschwindigkeit eines Hörtextes geschult werden und darf kein Ausweichen auf den schriftlichen Text bei Hörproblemen erlauben.

 **Tipps**

Wenn Sie das Hörverstehen Ihrer Schüler trainieren möchten und nicht andere Funktionen, wie z. B. die Ausspracheschulung im Vordergrund stehen, sollten Sie nur den Hörtext präsentieren und die Schüler nicht mitlesen lassen. Folgende Tipps helfen auch schwächeren Schülern beim Verstehen von Hörtexten:

- Präsentieren Sie den Hörtext in kürzeren Abschnitten, um den Schülern die Konzentration und, durch die geringere Menge an Informationen, die Verarbeitung des Inhalts zu erleichtern.
- Klären Sie alle unbekannten Wörter vorweg und reduzieren Sie so die Arbeit des Erschließens.
- Führen Sie Ihre Schüler inhaltlich zum Hörtext hin, indem Sie eine passende *Pre-listening activity* vorschalten.

| FEHLER 18 | Keine Hörinstruktionen geben

 **Fallbeispiel**

Herr A. will bei seinen Siebtklässlern das Hörverstehen schulen. Er gibt ihnen die Anweisung *„Listen carefully!"* und präsentiert dann einen Hörtext von ungefähr zwei Minuten Länge. Nach dem Hören stellt er eine Reihe von Verständnisfragen zu inhaltlichen Details des Textes. Er stellt fest, dass nur wenige Schüler die Fragen korrekt beantworten können.

? Ursachen und Hintergrund

Die Anweisung *„Listen carefully!"* ist zu wenig konkret. Das hat zur Folge, dass die Schüler nicht wissen, auf welche Informationen sie achten müssen. In der außerschulischen Realität wissen wir meist, wie bzw. auf was wir hören müssen, z. B.

- *listening for gist* (z. B. bei einer Erzählung, bei der uns die Kerninformationen, aber nicht die Details interessieren);

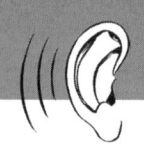

Texte hören

- listening for specific information (z. B. bei einem Vortrag, bei dem uns nur bestimmte Aspekte interessieren);
- listening for complete understanding (z. B. bei einer Wegbeschreibung, bei der wir möglichst alles verstehen und behalten müssen).

Da in der Arbeitsanweisung „Listen carefully!" kein Hinweis enthalten ist, welche Informationen des Hörtextes wichtig sind, ist anzunehmen, dass die Schüler weniger Probleme mit dem Verstehen als mit dem Behalten der Informationen haben. Bei einem Hörtext von zwei Minuten können die Schüler nicht alle Details des Textes behalten. Sie müssen daher raten, auf welche Informationen sie sich konzentrieren sollen.

Geben Sie Ihren Schülern vor dem Hören präzise Hörinstruktionen. Machen Sie sich vorab Gedanken zu den Aufgabenbereichen:

- Wie sollen die Schüler hören? Welche Informationen sind wichtig? Welche Tätigkeit folgt auf die Hörtextpräsentation (Fragen? Zusammenfassung? Bewertung des Gehörten bzw. bestimmter Argumente etc.? Diskussion von Schlussfolgerungen aus dem Gehörten? ...)? Dies erleichtert Ihren Schülern die Selektion der relevanten Informationen und erlaubt ihnen ein sinnvoll zielgerichtetes Hören.
- Welche Strategien sind notwendig für die Bewältigung welcher Probleme? Ist der Text lang und komplex, dann sollten die Schüler während des Hörens Notizen machen. Enthält der Text sprachlich schwierige Stellen, so sollten sich die Schüler auf die ihnen bekannten Wörter als Verstehensinseln konzentrieren und auf diese Weise versuchen, die Problemstellen mutig (d. h. ohne langes Grübeln) zu erschließen.

| FEHLER 19 | Beim Storytelling Hörverstehen prüfen

Frau D. möchte mit ihren Fünftklässlern ein Bilderbuch behandeln. Während sie im Sitzkreis die Geschichte erzählt, legt sie als Verständnishilfe und als Sprechanreiz große Kopien der Bilder auf den Boden. Nach dem ersten Erzähldurchgang möchte Frau D. überprüfen, ob die Schüler die Geschichte in ihren wesentlichen Teilen verstanden haben. Sie befestigt zu diesem Zweck die Bilder ungeordnet am Rand der Tafel und erzählt die Geschichte erneut. Nach jedem Abschnitt sollen die Schüler

Texte hören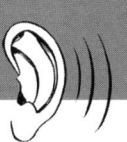

das zum Inhaltsteil passende Bild im Mittelteil der Tafel anbringen. Sie ist überrascht, wie mühelos die Schüler die richtigen Bilder identifizieren können und dass manche Schüler nicht nur das aktuelle Bild, sondern auch das zum noch nicht erzählten Abschnitt passende Bild anbringen wollen.

? Ursachen und Hintergrund

Bei der Präsentation der Geschichte werden zwei parallele Informationsebenen angeboten: der Text und die Bilder. Wenn die Schüler die Bilder in die richtige Reihenfolge bringen können bedeutet das nicht automatisch, dass sie den Text verstanden haben. Dadurch dass der Text zweimal in der gleichen Reihenfolge und Weise erzählt wird, ist den Schülern schnell klar, dass die Reihenfolge der Bilder auch die gleiche sein muss. Es genügt also, sich an die Reihenfolge der Bilder zu erinnern – und dazu ist kein Textverständnis nötig. Das gilt auch für die Bilderfolgen, die einen logischen (kausalen) Handlungsverlauf darstellen: Auch hier genügen Weltwissen und Logik, um die Bilder ohne Textkenntnis in die richtige Reihenfolge zu bringen.

✓ Tipps

Folgende Möglichkeiten haben Sie, mittels Bildern Verständnis zu überprüfen:
- Lösen Sie den Handlungsstrang der Geschichte auf und erzählen Sie Teile der Geschichte in nicht chronologischer Reihenfolge. Ihre Schüler müssen dann jeweils das Bild wählen, das zum entsprechenden Teil der Geschichte passt.
- Belassen Sie die chronologische Reihenfolge der Bilder, ändern Sie aber den Inhalt der Geschichte beim erneuten Erzählen in einigen wesentlichen Punkten ab. Ihre Schüler protestieren bei den „Fehlern" und erklären anhand des jeweiligen Bildes, was falsch ist. Bei schwächeren oder unsicheren Schülern kann die Fehlerkorrektur auch in der Muttersprache erfolgen.
- Entfernen Sie aus den Bildern durch entsprechende Kopierverfahren wesentliche Elemente der Geschichte (z. B. manche Tiere, Gebäude etc.). Befestigen Sie diese Elemente als isolierte Bildteile an der Tafel. Während Sie die Geschichte erzählen, müssen Ihre Schüler die unvollständigen Bilder mit diesen Teilen ergänzen, sobald Sie die fehlenden Elemente erwähnen.

Texte lesen

| FEHLER 20 | Mit lautem Lesen Aussprache und Textverständnis gleichzeitig prüfen

✗ Fallbeispiel

Herr L. möchte in einer 8. Klasse einen Lesetext erarbeiten. Da er in der Klasse wiederholt Aussprachedefizite festgestellt hat, möchte er jede Gelegenheit zur Ausspracheschulung nutzen. Deshalb lässt er seine Schüler den Text laut lesen und verbessert häufig ihre Aussprache. Nach dem lauten Lesen des Textes überprüft er das Textverständnis und stellt Fragen zum Inhalt. Fast kein Schüler meldet sich und die meisten fixieren konzentriert den Text.

? Ursachen und Hintergrund

Die Schüler, die den Text fixieren, versuchen in aller Eile, den Text zu überfliegen und den Inhalt in groben Zügen zu erfassen, denn sie hatten bisher kaum die Möglichkeit, sich mit dem Textinhalt zu beschäftigen. Der Fokus lag beim lauten Lesen eines unbekannten Textes auf der Aussprache und den Aussprachekorrekturen. Schüler tendieren bei diesem Verfahren dazu, schnell vorauszulesen und die Aussprache unbekannter Wörter zu erraten für den Fall, dass sie die nächste Passage lesen müssen. Weder der laut lesende Schüler noch seine vorauslesenden Mitschüler können jedoch parallel zur Konzentration auf die Aussprache den Textinhalt genügend erfassen und verarbeiten, um anschließende Fragen zu beantworten.

✓ Tipps

- Erklären Sie unbekannte Wörter mit schwieriger Aussprache vor dem Lesen des Textes und sprechen Sie diese mehrmals deutlich vor.
- Das Lesen des Textes sollte als stilles Lesen erfolgen, denn das ist unsere natürliche Art und Weise, Texte zu lesen. Stilles Lesen erlaubt Ihren Schülern, ihrem individuellen Lesetempo zu folgen, über unbekannte Wörter und schwierige Passagen nachzudenken und gelegentlich innezuhalten, um die Textinformationen zu strukturieren. Die Aufmerksamkeit liegt beim stillen Lesen auf dem Textinhalt bzw. geht – z. B. nach dem Erschließen eines Wortes – wieder zum Textinhalt zurück. Unter diesen Voraussetzungen können Ihre Schüler anschließend über den Inhalt Auskunft geben.

Texte lesen

| FEHLER 21 | Textverständnis prüfen und gleichzeitig unbekannten Wortschatz klären

✗ Fallbeispiel

Referendarin T. möchte mit ihren Neuntklässlern einen authentischen englischen Text erarbeiten. Da sie ihre Schüler nicht überfordern will, lässt sie den Text laut lesen und klärt nach jedem Abschnitt die Wörter und Phrasen, von denen sie annimmt, dass sie den Schülern Schwierigkeiten bereiten. Außerdem fordert sie die Schüler auf, nach den Wörtern zu fragen, deren Bedeutung ihnen nicht völlig klar ist. Nach dieser Texterarbeitung stellt sie den Schülern eine Reihe von Verständnisfragen zum Inhalt, erhält aber kaum Antworten. Frau T. geht davon aus, dass der Text zu schwer war.

? Ursachen und Hintergrund

Durch das laute Lesen, das die Konzentration auf die Aussprache lenkt und durch die intensive Wortschatzerarbeitung während des Lesens wurde die Verarbeitung des Textinhalts verhindert oder zumindest behindert. Die Aufmerksamkeit der Schüler galt in erster Linie der Suche nach Wortschatzproblemen und der Verarbeitung der Wortbedeutungen der unbekannten Wörter. Inhaltliche Zusammenhänge konnten so kaum erfasst werden, da dies flüssiges Lesen und ungestörte Konzentration auf den Inhalt erfordert.

✓ Tipps

- Informieren Sie Ihre Schüler *vor* der Textarbeit darüber, welche Aktivitäten nach dem Lesen des Textes vorgesehen sind (z. B. Fragen, Zusammenfassung, Kommentierung, …), damit die Schüler zielgerichtet lesen und sich auf die relevanten Informationen konzentrieren können.

- Klären Sie wichtige unbekannte Wörter, die nicht aus dem Kontext erschlossen werden können und beim Nachschlagen im Lexikon (bei unerfahrenen Lernern) evtl. zu Missdeutungen führen können, vorab.

- Das Lesen sollte als stilles Lesen erfolgen und, abhängig von der Art der folgenden Verständniskontrolle, von Tätigkeiten wie Markieren, Randnotizen anfertigen, durch Symbole und Linien Beziehungen verdeutlichen etc. begleitet werden. Ihre Schüler sollten zudem mit Worterschließungsstrategien vertraut sein, damit sie den Text mit möglichst wenig Unterbrechungen lesen können, da diese das Inhaltsverständnis beeinträchtigen.

| FEHLER 22 | Aussprache mit unbekannten Lesetexten trainieren

✗ Fallbeispiel

Frau B. möchte in ihrer 5. Klasse die Aussprache schulen und lässt deshalb jeden neuen Text von den Schülern zunächst laut lesen, bevor sie Wortschatz und Inhalt erarbeitet. Da die Schüler die Texte stets nur stockend und mit vielen Aussprachefehlern lesen muss sie Ihre Schüler wiederholt korrigieren.

? Ursachen und Hintergrund

Schüler der 5. Klasse sind meist noch recht unerfahrene Leser in der Fremdsprache, zumal im Englischunterricht der Grundschule die Mündlichkeit sehr stark betont wird. Die Schüler haben deshalb häufig Probleme mit dem flüssigen Lesen. Zudem haben diese Schüler noch sehr wenig Erfahrung mit den Ausspracheprinzipien des Englischen gesammelt und können daher kaum die richtige Aussprache aus dem Schriftbild erschließen. Dies ist allerdings gefragt, wenn wir unbekannte Texte mit unbekannten Wörtern lesen müssen. Sprechen die Schüler ein Wort falsch aus und werden dabei korrigiert, ist es für sie schwierig, die richtige Aussprache zu speichern, da sie gleichzeitig mit vielen neuen Informationen (neue Wörter und Strukturen, neuer Inhalt, …) konfrontiert sind. Noch schwieriger wird es, wenn die richtige Aussprache nur einmal wiederholt wird. Es ist deshalb nur natürlich, dass Schüler ein Wort beim wiederholten Vorkommen auch wiederholt falsch aussprechen.

✓ Tipps

Wenn Sie zur Schulung der Aussprache Lesetexte verwenden möchten, sollten Sie folgende Tipps beachten:

Texte lesen

- Wählen Sie Lesetexte aus, mit denen Ihre Schüler bereits vertraut sind, sodass möglichst wenig neue Informationen verarbeitet werden müssen und sich Ihre Schüler beim Lesen auf die Aussprache konzentrieren können.
- Informieren Sie Ihre Schüler vor dem Lesen, dass dieser Text mit dem Ziel der Ausspracheschulung gelesen wird.
- Sollte der Text Wörter mit besonders schwieriger Aussprache enthalten, sollten Sie diese Wörter zunächst mehrmals deutlich vorsprechen und anschließend den Text, von Native Speakers gesprochen, über einen Tonträger präsentieren. Falls dies nicht möglich ist, lesen Sie den Text selbst vor. Ihre Schüler sollten dabei mitlesen, um die Differenz von Lautung und Schreibung bewusst wahrzunehmen.
- Erst im Anschluss daran sollten Ihre Schüler den Text laut als Ausspracheübung lesen. Dies kann zuerst im Wechsel mit einem Partner und bei gegenseitiger Korrektur erfolgen und anschließend im Plenum. Auf diese Weise lässt sich auch die Zahl der dabei notwendigen Lehrerkorrekturen erheblich reduzieren.

| FEHLER 23 | Unbekannten Wortschatz immer vorentlasten

Fallbeispiel

Herr E. hat seine 10. Klasse bereits mehrere Jahre im Fach Englisch unterrichtet. Er legt großen Wert darauf, dass die Schüler bei der Arbeit mit Texten nicht demotiviert werden und Texte flüssig und ohne große Probleme lesen können. Aus diesem Grund erklärt er vor dem Lesen oder Hören eines neuen Textes fast alle unbekannten Wörter. Da für seine Schüler die Abschlussprüfung ansteht, legt Herr E. ihnen ein Exemplar einer früheren Abschlussprüfung vor und bittet sie, die Textaufgabe selbstständig zu bearbeiten. Als die Schüler den Text lesen, breitet sich bald Unruhe und schließlich Panikstimmung aus, da sie viele Wörter nicht verstehen.

Ursachen und Hintergrund

Die Schüler haben nicht gelernt, psychologisch und strategisch sinnvoll mit unbekannten Elementen im Text zurechtzukommen. Dies ist aber absolut notwendig, denn weder bei Abschlussprüfungen noch in der außerschulischen Realität steht ein erklärender

Texte lesen

Lehrer zur Verfügung. Auch lässt der Zeitdruck kein langes Nachdenken über unbekannte Wörter zu. Schnelles Erschließen von Wörtern ist deshalb ein wichtiger Teil der Lesekompetenz, denn das Erfassen des Textinhalts ist auch wesentlich von der Leseflüssigkeit abhängig, und diese setzt wiederum routiniertes Erschließen voraus.

✓ Tipps

- Klären Sie vor dem Lesen eines Textes nur diejenigen Wörter vorweg, die die zentralen Inhalte des Textes tragen und von den Schülern nicht erschlossen werden können. Fehlendes Verständnis dieser Wörter würde das Inhaltsverständnis (zumindest teilweise) verhindern. Im außerschulischen Alltag würden wir diese Wörter im Lexikon nachschlagen – was natürlich die Vorentlastung auch (gelegentlich) ersetzen kann.
- Alle anderen Wörter sollten Ihre Schüler mithilfe von Erschließungsstrategien klären, die sie unter Ihrer Anleitung über die Jahre hinweg entwickeln und automatisieren sollten.
- Die Voraussetzung für den Einsatz von Erschließungsstrategien ist zunächst die Fähigkeit (und der Mut) zu entscheiden, wann beim Lesen eines Textes ein unbekanntes Wort geklärt werden muss (weil es inhaltlich relevant ist) und wann man daran ohne Erschließungsbemühungen vorbeilesen kann, weil es nicht wesentlich für die Textaussage ist.
- Die Erschließungsstrategien selbst umfassen zwei Hauptkategorien:
    a) Bildung von Hypothesen über die Wortbedeutung, zu der das bisherige Wissen über Englisch (Wortart, Ableitungen, Wortfamilien etc.) und über andere Sprachen (vgl. franz. *la mort* > engl. *mortality*) ebenso herangezogen wird wie die Interpretation des Kontexts (Satz, Abschnitt, Gesamttext) sowie das Welt- und Erfahrungswissen.
    b) Bedeutungssicherungsstrategien, die vor allem bei zentralen inhaltstragenden Wörtern zum Einsatz kommen, derer Bedeutung wir uns auch nach sorgfältigem Erschließen nicht (ganz) sicher sind. In diesen Fällen muss beim weiteren Lesen immer wieder überprüft werden, ob sich Widersprüche und unlogische Zusammenhänge ergeben, die darauf hindeuten, dass die ursprüngliche Hypothese über die Wortbedeutung doch nicht richtig war.

Texte schreiben

| FEHLER 24 | Freies Schreiben ohne Hilfestellungen und Schreibstrategien verlangen

✗ Fallbeispiel

Praktikant N. hat in einer 7. Klasse einen kurzen Lehrbuchtext über einen Camping-Urlaub englischer Jugendlicher erarbeitet und den Textinhalt besprochen. Er gibt den Schülern anschließend den Auftrag, einen Text von 100–120 Wörtern über einen interessanten Urlaub zu schreiben, den sie selbst erlebt haben. Als er zu Hause die Schülertexte liest, stellt er fest, dass manche Texte interessant und sprachlich gut sind, dass aber einige Schüler ihre Texte nicht fertiggestellt haben. Bei manchen Texten findet er viele unpassende Wörter. Mit Bleistift geschriebene deutsche Wörter deuten auf erhebliche Wortschatzlücken hin. Auch fehlen den Texten zumeist Kohärenz und Kohäsion und damit wesentliche Elemente der Leserfreundlichkeit.

? Ursachen und Hintergrund

Schreiben in der Fremdsprache erfordert ein komplexes Ineinandergreifen von Planungs- und Abrufprozessen: Die Schüler müssen passende Inhalte finden, diese sinnvoll strukturieren, Wortschatz, Grammatik sowie Konventionen des Textgenres abrufen, kohärent und kohäsiv schreiben und den Text überprüfen und überarbeiten können. Schüler der 7. Klasse sind noch relativ unerfahrene Schreiber und verfügen häufig noch nicht über notwendige Schreibstrategien. Zudem stehen bei ihnen noch die sprachlichen Probleme im Vordergrund, sodass andere Aspekte (z. B. die Strukturierung) zwangsläufig vernachlässigt werden. Spontanes Schreiben freier Texte erfordert deshalb eine strategische Betreuung der Schüler und eine systematische Planung der Schreibaktivität.

✓ Tipps

Die Planung einer Schreibaktivität darf sich nicht auf die jeweilige Unterrichtsstunde beschränken. Schreibstrategien müssen langfristig schrittweise aufgebaut und systematisch geübt werden.

Texte schreiben

- Kündigen Sie die Schreibaufgabe bereits in der Vorstunde an. So können sich Ihre Schüler vorbereiten und den Text inhaltlich planen, z. B. Über welchen Urlaub schreibe ich? Was war daran interessant? Welche Aspekte werden gewählt?
- Geben Sie Ihren Schülern Hilfestellungen zur Planung, z. B. ein Raster mit den obigen Inhaltskategorien, das die Schüler zu Hause ausfüllen und im Unterricht als Gedächtnisstütze nutzen können. Zudem sollten Ihre Schüler zu Hause diejenigen Wörter im Lexikon nachschlagen, die sie für die Schilderung ihrer individuellen Urlaubserfahrung benötigen, denn der Reiz dieser Schreibaufgabe liegt ja in der Beschreibung der eigenen Erlebnisse.
- Wiederholen Sie im Unterricht die wichtigsten Schreibstrategien. Es ist sinnvoll, die Schreibstrategien, z. B. mithilfe eines Posters visuell festzuhalten. Wichtige strategische Überlegungen sind:
  - Reihenfolge der Informationen festlegen;
  - sprachliche Mittel verwenden, die diese Anordnung verdeutlichen *(when, after that, then, suddenly, but, at last, ...)*;
  - Konventionen des Textgenres beachten, hier Verwendung des *Simple past* als hauptsächliche Zeitform; zu Beginn eine kurze Darstellung von Ort, Zeit, Art des Urlaubs; beteiligte Personen; lebhafte Schilderung einiger weniger Erlebnisse etc.);
  - Geschriebenes überarbeiten und überprüfen, zunächst durch den Schreiber selbst, dann durch einen Partner, der Feedback gibt.
- Da der Zeitbedarf für freie Schreibaktivitäten von Schüler zu Schüler höchst unterschiedlich ist, sollten Sie sowohl Zeit für die Schreibaufgabe einplanen als auch attraktive Zusatzaktivitäten für die schnellen Schreiber bereithalten.

| FEHLER 25 | Schüler ihre selbstverfassten Texte vorlesen lassen

✗ Fallbeispiel

Die Neuntklässler von Referendar W. mussten einen Aufsatz zum Thema „*What will life be like in 2030?*" schreiben. Im Anschluss an die Schreibaufgabe lässt er die Schüler ihre Texte vor der Klasse vorlesen. Nach wenigen Texten zeigt sich die Klasse zusehends desinteressiert, es kommt Unruhe auf. Als die vorgetragenen Texte wegen des Lärmpegels kaum mehr zu verstehen sind, bricht Herr W. ab.

? Ursachen und Hintergrund

Seinen eigenen Text vor der Klasse vorzulesen, empfinden viele Schüler als eine unangenehme Situation des Exponiertseins. Sie versuchen, diese Situation durch schnelles und meist auch zu leises Lesen schnell hinter sich zu bringen. Diese Art des Vorlesens macht es häufig für die anderen Schüler schwierig, den Text zu verstehen und führt schon alleine deshalb zu Unruhe.

Das eigentliche Problem ist allerdings der unnatürliche Umgang mit diesen Schülertexten. Außerhalb des Klassenzimmers werden selbst verfasste Texte meist in einem formellen Rahmen einem interessierten Publikum öffentlich vorgetragen, z. B. bei Vorträgen oder bei Reden. Meistens erfolgen auch inhaltliche Reaktionen auf diese Texte, z. B. Kritik an den Aussagen. Dieser natürliche Umgang mit solchen Texten sollte – innerhalb eines spielerischen Rahmens – auch den Vortrag von Schülertexten im Klassenzimmer bestimmen.

✓ Tipps

- Überlegen Sie sich, wer in der außerschulischen Realität mit welcher Intention und für welchen Adressatenkreis einen Text zu einer ausgewählten Problematik schreiben würde. Im obigen Beispiel wäre es vorstellbar, dass Experten eine Vision des Lebens im Jahre 2030 entwerfen, die dann von Politikern diskutiert wird und als Anhaltspunkt für politische Entscheidungen in den kommenden Jahren gelten soll.

- Lassen Sie Ihre Schüler in Gruppen arbeiten. Geben Sie die Texte von vier Schülern an eine andere Vierergruppe weiter. Jede Gruppe liest alle vier Texte und entscheidet dann, welche Vision sie für die wahrscheinlichste hält. Dann formuliert sie schriftlich Forderungen an die Politik und begründet diese aus dem gewählten Text heraus. Jede Gruppe ernennt einen Sprecher, der die Forderungen im Plenum vorträgt. Dabei bilden die Gruppensprecher vor der Klasse ein Expertengremium und nach jedem Expertenstatement bewerten und diskutieren die übrigen Schüler (nicht die Experten selbst) die vorgebrachten Forderungen und die Überzeugungskraft der Begründungen.

Texte schreiben

| FEHLER 26 | Schreiben von Texten am PC verbieten

✗ Fallbeispiel

Praktikantin S. unterrichtet an einer technisch sehr gut ausgestatteten Schule. In ihrer 8. Klasse sind es die Schüler gewohnt, die meisten Schreib- und Übungsaktivitäten auf Laptops durchzuführen. Als sie den Schülern die Aufgabe gibt, einen Werbetext für ihre bevorzugte Sportart zu schreiben, besteht sie darauf, dass dies handschriftlich erfolgt, da sich die Schüler so mehr auf sorgfältige Formulierungen konzentrieren. Im Anschluss liest Frau S. die Schülertexte. Es fällt auf, dass viele Texte ein lexikalisch sehr einfaches Englisch und vorwiegend kurze, syntaktisch sehr schlichte Sätze aufweisen.

? Ursachen und Hintergrund

Das Schreiben freier Texte ist sehr wichtig für einen erfolgreichen Spracherwerb (vgl. die Output-Hypothese von Merrill Swain 2000), denn im Gegensatz zum Sprechen erlaubt es das Experimentieren mit und das Nachdenken über Sprache ohne Zeitdruck. Zudem können dabei Hilfsmittel (Lexikon, Grammatik) und die Unterstützung von Partnern herangezogen werden. Sprachliche Experimente wie z. B. das Erproben verschiedener Formulierungen oder auch das Verarbeiten von Partnerfeedback setzen jedoch voraus, dass jeder vorläufige Textteil problemlos durch den besseren, endgültigen ersetzt werden kann – und dies erlaubt nur der PC. Viele Schüler schätzen die, aufgrund der zahlreichen Durchstreichungen und Überschreibungen, unansehnlich gewordenen handschriftlichen Texte genau so wenig wie Lehrkräfte dies tun und beschränken sich daher handschriftlich oft auf sichere und bewährte Formulierungen. Mit dieser Strategie der Risikovermeidung verzichten sie allerdings auf vielfache Möglichkeiten, ihre Sprachkompetenz zu erweitern. Mehrere Studien (z. B. Nagy 2000) zeigen, dass am PC verfasste Schülertexte länger und komplexer sind als handschriftlich verfasste und die Schüler zudem mehr Schreibmotivation zeigen.

✓ Tipps

Wenn es um das Verfassen englischer Texte geht, ermuntern Sie Ihre Schüler dazu, Texte am PC zu verfassen. Achten Sie dabei auf die folgenden Tipps:

Texte schreiben

- Regen Sie Ihre Schüler an, ein elektronisches Lexikon beim Schreiben zu benutzen, denn insbesondere beim Schreiben freier Texte ist der PC die sinnvollere Alternative.
- Achten Sie darauf, dass Ihre Schüler sprachliche Probleme mit einem Partner besprechen dürfen.
- Wichtig: Hat das Schreiben die Funktion der Gedächtnisstütze, z. B. beim Schreiben von Vokabeln, zeigen einige Untersuchungen (z. B. Longcamp u. a. 2006), dass das handschriftliche Verfahren effektiver ist. Achten Sie also darauf, was Ihre Schüler schreiben sollen, wenn Sie vorgeben, wie sie schreiben sollen – mit dem PC oder handschriftlich.

| FEHLER 27 | In schriftlichen Schülertexten grundsätzlich immer alle Fehler korrigieren

Fallbeispiel

Referendarin S. findet, dass das Schreiben fremdsprachiger Texte sehr wichtig für den Erwerb sprachlicher Korrektheit ist. Deshalb korrigiert sie Schülertexte sehr gründlich und versucht, stets alle Fehler anzustreichen und die Fehlerart durch Kürzel zu verdeutlichen, da sie befürchtet, dass sich andernfalls Fehler fossilisieren könnten. Sie ist aber nach einigen Monaten Unterricht in ihrer Klasse zusehends verärgert über eine Reihe von Tricks, mit der manche Schüler die Abgabe ihrer Texte zu vermeiden versuchen. Ihre Schüler scheinen keinen Spaß am Schreiben von Texten zu haben.

Ursachen und Hintergrund

Das richtige Lehrerfeedback auf freie oder gelenkte Schülertexte gleicht ein wenig der Quadratur des Kreises: Korrigiert die Lehrkraft nur wenige Fehler oder kommentiert den Text nur inhaltlich, so besteht die Gefahr der Fehlerfossilisierung und der Verunsicherung der Schüler, denn diese wollen durchaus wissen, was richtig und was falsch ist. Korrigiert die Lehrkraft alle Fehler, so ist die Gefahr groß, dass die Schüler demotiviert werden und den korrigierten Text, abgeschreckt von der Fülle des Rot, unbesehen zur Seite legen – und ohne eine bewusste Analyse der Fehler durch die Schüler bleibt die Lehrerkorrektur wirkungslos und letztlich verschwendete Zeit. Wissenschaftliche Untersuchungen zu diesem Problem lassen folgende Grundorientierungen zu:

Texte schreiben

- Korrekturen führen grundsätzlich zur sprachlichen Verbesserung, sofern sie konsistent erfolgen und vom Lerner beachtet werden.
- Die Lehrerkorrektur sollte Teil des Schreibprozesses sein und nicht den Abschluss bilden. Sie sollte zu einer überarbeiteten Textversion führen, in die sowohl die Lehrerkorrektur als auch Selbstkorrekturen des Schülers (aufgrund der eigenen kritischen Analyse des Texts) einfließen.
- Wenn die Korrektur der sprachlichen Fehler nur selektiv erfolgt (z. B. beschränkt auf bestimmte Fehlerkategorien), so sind die von den Schülern verbesserten Versionen denjenigen Texten ebenbürtig, bei denen die Lehrkraft alle Fehler verbessert hat.
- Es sollte nicht primär eine Fehlerkorrektur, sondern ein Feedback erfolgen, d. h. neben der Fehlerkorrektur sollten auch die besonders gelungenen sprachlichen Aspekte hervorgehoben werden. Auch sollte das Feedback Leserreaktionen auf den Textinhalt umfassen, z. B. Lob origineller Ideen, Fragen (Warum wurde dieser Urlaubsort gewählt?), persönliche Kommentare *(I know this place and I love it!)*. Es scheint vor allem die Verknüpfung von sprachlicher Korrektur und inhaltlicher Kommentare zu sein, die dazu führt, dass Schüler ihren korrigierten Text intensiv lesen und sich bei der Überarbeitung besondere Mühe geben (vgl. Fathman/ Whalley 1990).

✓ Tipps

Gehen Sie bei der Fehlerkorrektur bei schriftlichen Schülertexten in folgenden Schritten vor:

- Führen Sie in Ihrer Klasse das Verfahren der *Peer correction* ein. Dabei wird der Text eines Schülers zunächst von einem Partner (z. B. dem Banknachbarn) kritisch gelesen. Hierbei werden häufig Flüchtigkeitsfehler (z. B. falsche Rechtschreibung) und auffällige Wortschatz- und Grammatikfehler entdeckt und anschließend vom Verfasser verbessert. Ein Raster mit genretypischen Fehlerkategorien hilft dem Partner beim kritischen Lesen.
- Korrigieren Sie nicht nur Fehler, sondern geben Sie auch inhaltliches Feedback. Zeigen Sie Ihren Schülern, dass Sie sich nicht nur als Korrektor, sondern auch als Leser für den Schülertext interessieren. Eine vage Bemerkung am Schluss, wie z. B. die Anmerkung *„Interesting story!"* reicht dafür nicht aus.
- Darüber hinaus sollten Sie die Texte Ihrer Schüler daraufhin analysieren, ob falsche Hypothesen (z. B. systematisch wiederkehrende Grammatik- oder Wortschatzfehler)

Texte schreiben

oder mangelndes Textsortenwissen (z. B. Was macht einen Text leserfreundlich?) erkennbar sind. Diese Fehler sollten Sie in den Texten zwar anstreichen, jedoch in der Folgestunde zusätzlich besprechen, da eine schriftliche Klärung zu umfangreich und auch nicht eindeutig genug und daher unökonomisch wäre.

Einsatz von Bildern

| FEHLER 28 | Komplexe Bilder sofort interpretieren lassen

✗ Fallbeispiel

Herr K. möchte in einer 9. Klasse die politische Problematik in Nordirland in ihrer historischen Entwicklung behandeln. Zum Einstieg konfrontiert er die Schüler mit der Epoche der „Troubles" in den 1960er und 1970er Jahren und wählt dafür ein Foto aus, das die Folgen eines Bombenattentats zeigt (zerstörtes Gebäude, Sanitäter, Soldaten, …). Er projiziert das Foto und fragt die Schüler: „What does this have to do with Northern Ireland?" Einige Zeit wartet Herr K. vergeblich auf Äußerungen, dann erhält er einige Einzelwörter wie „violence", „destruction" etc. Insgesamt wirken die Schüler eher passiv, sodass Herr K. abbricht und zum Text übergeht.

? Ursachen und Hintergrund

Während der Lehrer das Bild zum Thema ausgesucht hat und weiß, in welchen Kontext es gehört, ist es für die Schüler umgekehrt: Sie erhalten das Bild ohne kontextuelle Einbettung und Vorinformationen und sollen es sofort interpretieren und Bezüge zu einem Thema herstellen, das ihnen erst in diesem Augenblick genannt wurde. Das Dekodieren des Bildes erfordert einige kognitive Prozesse, die zum Teil parallel und äußerst schnell ablaufen müssen:

- Die Schüler müssen die Bildinformationen wahrnehmen, strukturieren und zunächst das (sichtbar) Dargestellte verstehen. Je mehr Details das Bild enthält, desto länger dauert dieser Prozess.

- Sie müssen ihr Weltwissen aktivieren, einen Bezug zum Bild herstellen und auf dieser unsicheren Grundlage das Bild interpretieren. Hier stellt sich die Frage, ob die Schüler genügend Wissen über Nordirland haben und ob sie mit diesem Wissen einen logischen Bezug zum Bildinhalt herstellen können – und ob sie den Mut haben, ihre These auch öffentlich zu äußern.

- Die Schüler müssen ihre Bildinterpretation in der Fremdsprache formulieren und dafür das nötige Sprachmaterial schnell abrufen. Dabei stoßen sie wahrscheinlich auf Wortschatzdefizite, müssen über Umschreibungsmöglichkeiten nachdenken etc.

Einsatz von Bildern

Fazit: Herr K. hat mit seiner Aufforderung zur sofortigen Bildinterpretation zumindest den ersten Teilprozess übersprungen und die schwierigen sprachlichen Abrufprozesse nicht vorbereitet.

✓ Tipps

- Informieren Sie Ihre Schüler vor der Stunde über das jeweilige Stundenthema, damit sie die Möglichkeit haben, sich z. B. über das Internet Überblickswissen zu erwerben.
- Achten Sie beim Einsatz eines Bildes darauf, dass Sie die folgenden Schritte berücksichtigen:
  - Zunächst sollten Ihre Schüler genügend Zeit erhalten, um die Bildinformationen aufzunehmen und evtl. unklare Bildteile mit einem Partner zu besprechen.
  - Dann sollten Ihre Schüler das Bild beschreiben und noch nicht interpretieren. Helfen Sie Ihren Schülern, was den Wortschatz und Formulierungen betrifft. So reduzieren Sie die Angst Ihrer Schüler vor peinlichen Wortschatzlücken und Satzabbrüchen.
  - Erst nach diesen beiden Schritten sollten sich Ihre Schüler an die Interpretation des Bildes machen. Auch hier sollten Sie Ihren Schülern sprachliche Hilfestellungen anbieten.
  - Am Ende fungiert das Bild nur noch als Bezugspunkt im Hintergrund, um das Vorwissen der Schüler zur Thematik zu sammeln und Vermutungen zur politischen Lage zu diskutieren.

| FEHLER 29 | Mit Bildern Sprechfertigkeit üben

✗ Fallbeispiel

Referendarin S. hat sich vorgenommen, die Sprechkompetenz ihrer Schüler mithilfe von Bildern zu fördern, da Bilder einen sehr vielseitigen Sprechanreiz darstellen. Sie bemüht sich, möglichst interessante Bilder zu finden, die sie dann von den Schülern beschreiben lässt. Ein von ihr angestrebter Nebeneffekt ist dabei auch die Wortschatzwiederholung, welche die Vielfalt der Bildelemente bei der Beschreibung ermöglicht. Nach einigen Wochen stellt Frau S. fest, dass die Schüler mit zunehmender Demotivation auf diese Sprechaktivität reagieren.

Einsatz von Bildern

? Ursachen und Hintergrund

Bilder können ein sehr ergiebiger Stimulus für Gespräche sein, wenn sie abwechslungsreich eingesetzt werden und dem Informations- und Meinungsaustausch dienen. Die Demotivation der Schüler ist nicht nur Resultat des immer gleichen Verfahrens, sondern letztlich auch der pseudo-kommunikativen Bildverwendung, denn es wird nur beschrieben, was für alle sichtbar ist. So wird in der Realität relativ selten mit Bildern umgegangen. Es ist erheblich interessanter, über das zu sprechen, was nicht, nur teilweise oder nur vage zu sehen ist. All diese Dinge erwecken unsere Neugierde und unsere Bereitschaft, mit anderen über ein Bild zu sprechen. Da wir in solchen Fällen auf Vermutungen und Meinungen auf der Basis unserer individuellen Lebenserfahrungen angewiesen sind, sind unterschiedliche Sichtweisen und Ergebnisse die natürliche Folge. Eben diese führen zum kommunikativen und kontroversen Austausch, was ein zentrales Merkmal „echter" Kommunikation ist, der wir uns im Fremdsprachenunterricht möglichst annähern sollten.

✓ Tipps

Zum Training von Sprechkompetenz können Sie auf zahlreiche bewährte Verfahren zurückgreifen, die im Plenum oder in Gruppen durchgeführt werden können:

- Ein Bild wird unscharf projiziert, die Schüler erraten zunächst einzelne Bildteile und dann die dargestellte Gesamtsituation.

- Es fehlen Teile des Bildes (z. B. durch Abdecken bei der Projektion), die Schüler versuchen zu erraten, was in den abgedeckten Bildteilen dargestellt ist und begründen ihre Vermutungen.

- Jeder Schüler erhält ein Bild, das eine Situation nur in sehr groben Umrissen darstellt. Jeweils zwei Schüler arbeiten zusammen: Ein Partner fügt auf der linken Hälfte seines Bildes 3 – 4 Details seiner Wahl hinzu, der andere Partner führt das gleiche auf seiner rechten Bildhälfte durch. Anschließend beschreiben sie sich gegenseitig ihre hinzugefügten Bildelemente, wobei der andere Partner entsprechend der Beschreibung seine unvollständige Bildhälfte ergänzen muss.

- Ein Bild, das eine Handlung darstellt (z. B. ein Mann läuft in Panik aus einem Café heraus), wird präsentiert und die Schüler stellen Vermutungen darüber an, was in den letzten zwei Minuten vor diesem Augenblick passiert sein könnte bzw. was sich in den nächsten zwei Minuten ereignen könnte.

Mündliche Fehlerkorrektur

| FEHLER 30 | Bei der mündlichen Fehlerkorrektur stehen bleiben

✗ Fallbeispiel

Herr F. spricht mit den Schülern seiner 8. Klasse über sinnvolle und nicht sinnvolle *„school rules"*. Dabei fällt ihm auf, dass einige Schüler immer wieder *„mustn't"* anstelle des geforderten *„needn't"* verwenden. Herr F. korrigiert diesen Fehler jedes Mal, indem er den entsprechenden Satzteil mit dem richtigen Verb wiederholt und dann die Kommunikation fortführt. Da die Schüler trotz der Korrekturen immer wieder an falscher Stelle *„mustn't"* verwenden, verbessert Herr F. schließlich ziemlich unwirsch.

? Ursachen und Hintergrund

Fehler, die systematisch erfolgen, beruhen meist auf einer falschen Hypothese und auf der Überzeugung des Schülers, dass dieses Wort oder diese Struktur richtig ist. Falsche Hypothesen entstehen häufig zu Beginn des Lernprozesses und werden dann durch Unaufmerksamkeit des Lerners, zu wenig Übung und zu seltene/zu unpräzise/ inkonsistente Korrektur fossilisiert. Durch das richtige Wiederholen der Schüleräußerung als Teil des Gesprächsflusses können Fehler relativ unauffällig verbessert werden. Die indirekte Fehlerkorrektur kann bei den Schülern allerdings unterschiedlich aufgenommen werden:

- Ist ein Schüler vor allem auf den Inhalt seiner Äußerung konzentriert, dann nimmt er die Korrektur möglicherweise gar nicht als solche wahr, sondern sieht die Lehreräußerung als inhaltliche Bestätigung seiner Aussage.
- Er interpretiert die Korrektur als eine bloße Alternative zu seiner Formulierung, denn die Lehrkraft sagt ja nicht explizit, dass seine Äußerung falsch ist, und er bleibt aus Bequemlichkeit bei seiner bewährten Struktur.
- Er hat den Verdacht, dass *„mustn't"* nicht richtig ist, weiß aber nicht warum, da er die Kriterien für den Gebrauch von *„mustn't"* und *„needn't"* nicht mehr weiß. Er wird verunsichert, hat aber nicht den Mut, in der nächsten Äußerung *„needn't"* auf seine Richtigkeit hin zu testen.

Mündliche Fehlerkorrektur

✓ Tipps

- Achten Sie auf den richtigen Zeitpunkt für eine ausführliche Fehlerkorrektur. Es ist z. B. nicht sinnvoll, eine Diskussion zu unterbrechen, sondern eher danach damit zu beginnen.
- Mit einer zurückhaltenden Korrektur mittels der richtigen Wiederholung des Satzteils können Sie zumindest verhindern, dass die anderen Schüler verunsichert werden und möglicherweise ihre bisher richtige Hypothese gegen die falsche austauschen.
- Auch hartnäckige Fehler sind Teil des Lernprozesses, bedürfen aber einer gründlichen Korrektur, z. B. in Form einer Fehleranalyse und -therapie nach der thematischen Diskussion. Diese sollte aus den folgenden Schritten bestehen:
  - Analyse der falschen Hypothese: Finden Sie heraus auf welchen Annahmen die Hypothesen beruhen und wie diese entstanden sind. An dieser Stelle lässt sich auch herausfinden, ob die Annahmen auf missverständlichen Lehrererklärungen oder unvorhersehbaren Interpretationen der Schüler gründen.
  - (Erneute) Erklärung des Phänomens: Verdeutlichen Sie das Phänomen mithilfe von Tafel, Symbolen, lustigen/bizarren Beispielsätzen etc.
  - Übung: Damit Ihre Schüler die richtige Verwendungsweise abspeichern können, muss eine kurze Übungsphase erfolgen.
  - Alltagsfragen: Fordern Sie die Wortverwendungen in den nächsten Stunden durch Alltagsfragen ein, um zu überprüfen, ob die falsche Hypothese wirklich durch die richtige ersetzt worden ist.

| FEHLER 31 | Bei der mündlichen Fehlerkorrektur unsicher handeln

✗ Fallbeispiel

Praktikantin N. spricht mit Achtklässlern über Ferienpläne. Die Schüler erzählen bereitwillig und lebhaft, jedoch auch mit einer Vielfalt von sprachlichen Fehlern, von ihren Vorhaben. Frau N. ignoriert die meisten Grammatikfehler, korrigiert aber Aussprachefehler durch richtiges Vorsprechen des Wortes. Manche Wortschatzfehler korrigiert sie sehr ausführlich, andere nur flüchtig. Sie ist sich sehr unsicher, was und wann sie korrigieren soll.

Mündliche Fehlerkorrektur

? Ursachen und Hintergrund

Freie Unterrichtsgespräche dienen dazu, flüssiges Sprechen und adäquates Kommunikationsverhalten zu lernen. Das primäre Ziel ist hier das *Anwenden* des bisher erworbenen Sprachmaterials, um interessante Inhalte zu vermitteln, nicht das Üben von Strukturen etc. Deshalb ist in diesen Gesprächen eine möglichst natürliche Unterhaltung wichtiger als die sprachliche Korrektheit (im Übrigen sind auch Gespräche in der Muttersprache nicht frei von sprachlichen Fehlern ...) und eine pedantische Fehlerkorrektur ist daher fehl am Platz.

✓ Tipps

- Überlegen Sie sich, wie sich ein Native Speaker im zwanglosen Gespräch mit einem Sprachlerner verhalten würde:
  - In vielen Fällen würde er, solange die Verständigung durch den Fehler in keiner Weise gefährdet oder behindert wird, auf den Fehler überhaupt nicht reagieren.
  - Ist eine Äußerung nicht völlig klar und hat er Zweifel, ob er sie richtig versteht und interpretiert, so würde er sie richtig wiederholen oder, bei größeren Zweifeln, statt des *Recast* zu einem *Comprehension check* greifen *(Oh, you mean he's a fat guy,* wenn der Schüler hier das mißverständliche „thick" gebraucht hat), um sicher zu stellen, dass er die Äußerung verstanden hat.
  - Ist eine Äußerung nicht verständlich, so würde der Native Speaker um Klärung bitten *(Sorry, what do you mean by...)*.
- Orientieren Sie sich an diesen Verhaltensweisen bei Ihren Korrekturentscheidungen. Wichtig: Beachten Sie die folgenden beiden Ausnahmen:
  - Begehen Schüler Fehler im Bereich des „angemessenen Gesprächsverhaltens", d. h. formulieren sie unbewusst unhöflich (z. B. *I want...* anstelle von *Could I have...*), sollten Sie „leicht beleidigt" reagieren und den Schüler auf diesen Fehler, die Folgen und auf die angemessene Formulierung hinweisen. Ein Native Speaker würde in dieser Situation meist nicht auf solche Fehler reagieren, aber die Kommunikation möglicherweise bald beenden.
  - Stellen Sie bestimmte wiederkehrende Fehler fest, so sollten Sie diese Fehler nach dem Gespräch besprechen, denn hier handelt es sich um falsche Lernerhypothesen, die geklärt werden müssen.

Mündliche Fehlerkorrektur

| FEHLER 32 | Inkonsequent Fehler korrigieren

✗ Fallbeispiel

Lehramtsstudentin K. empfindet die häufigen Korrekturen ihres Betreuungslehrers an den Schüleräußerungen als demotivierend für die Schüler. Als sie selbst eine Englischstunde über den Unterschied von „for" und „since" gestalten soll, nimmt sie sich vor dies nicht zu tun. Wählt ein weniger guter Lerner das falsche Wort, so bittet sie ihn, die Wahl des Wortes zu überdenken. Zögert er lange und korrigiert sich nicht selbst, so sagt sie kurz die richtige Lösung und geht zum nächsten Satz über, denn sie will ihm das frustrierende Erlebnis einer Korrektur durch einen besseren Mitschüler ersparen. Sehr gute Schüler, die sich häufig melden, korrigiert sie nur flüchtig mit der Nennung des richtigen Wortes, da sie davon ausgeht, dass diese Schüler sich lediglich versprochen haben und sie ihren Arbeitseifer nicht bremsen möchte. Eine kurze Lernzielkontrolle am Ende der Stunde zeigt jedoch, dass viele Schüler „for" und „since" falsch verwenden und offensichtlich die Kriterien der Verwendung nicht verstanden haben.

? Ursachen und Hintergrund

Grammatik wird in einem längeren Prozess des Hypothesenfindens und Hypothesentestens erworben. Auch wenn die Lehrkraft völlig klar und schülernah Bildung, Funktion und Verwendungskriterien für ein Grammatikphänomen erarbeitet hat, so benötigen die Schüler anschließend dennoch zahlreiche Übungs- und Anwendungsmöglichkeiten, um die bei der Erarbeitung des Grammatikproblems (hoffentlich) entstandene Hypothese über Bedeutung und Verwendungsbedingungen auf ihre Richtigkeit zu überprüfen und sie gegebenenfalls zu ändern.

Dafür benötigen die Schüler aber auch eindeutiges Feedback: Ist meine Hypothese richtig? Was ist hier die richtige Form und warum? Eine inkonsistente oder nicht erfolgende Korrektur führt zu Verwirrung und verhindert eine gezielte Überprüfung und Anpassung der Hypothese – der Schüler ist weiterhin auf ein verunsicherndes Experimentieren mit diesem Phänomen angewiesen.

✓ Tipps

- Befinden sich Ihre Schüler noch in der Phase des Hypothesentestens, d. h. die Grammatik wird noch geübt und noch nicht kommunikativ angewendet und Fehler treten noch relativ häufig auf, so müssen sie konsequent, klar korrigiert werden. Das Übungsgeschehen ist dabei aus zwei Perspektiven zu sehen:

- Die Korrekturen erlauben es dem Schüler, die richtige Hypothese zu finden.
- Die Fehler geben der Lehrkraft wichtige Hinweise darauf, wie weit die Entwicklung hin zur richtigen Hypothese schon fortgeschritten und welche Art der Korrektur erforderlich ist (z. B. ausführliche Analyse des Fehlers, Aufforderung zur Selbstkorrektur, bloße Richtigstellung, …).

- Da diese Entwicklung von Schüler zu Schüler unterschiedlich schnell erfolgt, sollten Sie spätestens dann, wenn ein Großteil der Schüler das Phänomen richtig verwendet, differenzierende Materialien anbieten, sodass diese Schüler durch anwendungsorientierte Aktivitäten stärker gefordert werden.

| FEHLER 33 | Immer auf komplette Antwortsätze bestehen

Fallbeispiel

Referendar T. bespricht mit seinen Schülern einen Lehrbuchtext und stellt die folgenden Fragen zum Textinhalt:

> Herr T: *And where does Ben find his dog?*
> Schüler: *Behind the shed.*
> Herr T: *Make a correct sentence, please.*
> Schüler (verunsichert und mit besonders sorgfältiger Aussprache):
> *Behind the shed.*
> Herr T: *No, a complete sentence! Come on: Ben….*
> Schüler (murmelt): Aber das sagt doch kein Mensch…
> Herr T: *That's enough now! Make a complete sentence!*

Mündliche Fehlerkorrektur

? Ursachen und Hintergrund

Eine Ursache dieses unerfreulichen Dialogs mag in den unterschiedlichen Perspektiven von Lehrer und Schüler liegen: Für den Schüler ist die Lehrerfrage Teil eines (Pseudo-)Informationsaustauschs, wie er im Alltag oft über banale Dinge stattfindet und dementsprechend antwortet er mit einem Satzfragment. Der Lehrer sieht die Frage als Teil des sprachlichen Übens und erwartet deshalb eine komplexere syntaktische Struktur, d. h. hier einen vollständigen Satz. Die Schüler verstehen diesen Austausch allerdings als Informationsaustausch und geben Kurzantworten.

✓ Tipps

- Akzeptieren Sie Antwortfragmente, wenn sie dem natürlichen Gesprächsverhalten in dieser Situation entsprechen.

- Soll der Fokus der Unterrichtsphase nicht auf der Satzbildung liegen, können Sie selbst auf die Äußerungen Ihrer Schüler mit einem ganzen Satz reagieren *(That's right, Ben's dog is behind the shed.)*. Steht dagegen das Üben grammatikalischer Probleme im Vordergrund, sollten Sie natürlich die Bildung ganzer Sätze einfordern, damit die Grammatikstrukturen durch diesen größeren Kontext in ihrer Funktion klarer werden.

Unterrichtsgespräch

| FEHLER 34 | Den Schülern zu wenig Zeit zum Antworten geben

✗ Fallbeispiel

Herr E. übt mit seinen Schülern häufig die Sprechfertigkeit im Unterrichtsgespräch. In seiner 8. Klasse möchte er nach der Lektüre eines Lehrbuchtexts über *„intelligent homes"* diskutieren. Seine Leitfrage bezieht sich darauf, wie nützlich und sinnvoll ein solches *„smart home"* aus ihrer Sicht ist. Da er die Zeit möglichst intensiv nutzen will, stellt er Fragen, ruft sofort nach jeder Frage Schüler auf und versucht, mit einem häufigen *„Come on!"* zögerliche Antworten und Passivität zu verhindern. Nach einigen Minuten stellt er fest, dass nur wenige Schüler sich am Gespräch beteiligen und aufgerufene passive Schüler nur sehr kurze und syntaktisch schlichte Sätze beisteuern.

? Ursachen und Hintergrund

Wenn Schüler sich bereitwillig in einer Fremdsprache äußern sollen, so setzt dies voraus, dass sie sich für das Gesprächsthema interessieren und sich inhaltlich und sprachlich kompetent fühlen. Je nach Vertrautheit und Komplexität des Themas brauchen Schüler Zeit, um sich zu einem Thema äußern zu können, d. h. Informationen (ihr Vorwissen) zu sammeln, sich eine Meinung zu bilden und das nötige Sprachmaterial abzurufen. Zudem erfordern die Abrufprozesse in der Fremdsprache mehr Zeit als in der Muttersprache, denn Wortschatz und Grammatik sind nicht so intensiv vernetzt, die Suchprozesse sind daher zeitaufwendiger. Ein zu schnelles Tempo erlaubt den meisten Schülern zu wenig Zeit, ihre Äußerungen inhaltlich und sprachlich so vorzubereiten, dass sie sich sicher fühlen. Da die Äußerungen im Unterrichtsgespräch vor Publikum erfolgen, brauchen die meisten Schüler dafür Selbstvertrauen und Sicherheit, und diese sind von der Möglichkeit einer gründlichen Planung abhängig.

✓ Tipps

Folgende Tipps helfen Ihnen die Sprechbereitschaft Ihrer Schüler zu fördern:
- Achten Sie darauf, dass Ihre Schüler sich vor dem Unterrichtsgespräch mit dem Thema beschäftigen können. Dies kann in zwei Schritten erfolgen:

Unterrichtsgespräch

- In einem ersten Schritt sammeln Ihre Schüler als Hausaufgabe Informationen, reflektieren diese und versuchen, einen eigenen Standpunkt zu finden. Diese inhaltliche Vorbereitung kann abschließend in einem Selbstgespräch in der Fremdsprache (*Now, what do I think of...*) lexikalische Defizite aufzeigen, die noch zu Hause mithilfe eines Lexikons beseitigt werden können.
- In Schritt zwei tauschen sich Ihre Schüler in Partnerarbeit vor dem Unterrichtsgespräch über ihre Informationen und Meinungen zu dem Thema aus. Dieser zweite Probelauf führt zu sprachlicher und inhaltlicher Sicherheit, die sich dann im Unterrichtsgespräch in längeren und komplexeren Äußerungen zeigt.
- Geben Sie Ihren Schülern während des Gesprächs mehr *„reflection time"*, d. h. mindestens 2 – 3 Sekunden Bedenkzeit. Dies erlaubt auch schwächeren und unsicheren Schülern, ihre Äußerung zu planen.

| FEHLER 35 | Den Rückgriff auf die Muttersprache strikt verbieten

✗ Fallbeispiel

Frau L. legt sehr viel Wert auf einsprachigen Unterricht und möchte, dass ihre Schüler Wortschatzdefizite beim Sprechen mittels Umschreibungsstrategien bewältigen. Mit Ihren Achtklässlern diskutiert sie das Thema „Sportarten in der Schule". Die Schüler sind im Gespräch anfangs sehr engagiert. Bei Wortschatzdefiziten, weist Frau L. immer darauf hin, dass sie das gesuchte Wort umschreiben sollen und nicht auf Deutsch sagen dürfen. Trotz zahlreicher Bitten, ob die Schüler einen Begriff auf Deutsch nennen dürfen, beharrt Frau L. auf den eingeübten Kompensationsstrategien *(Say it in English! I know you can do it!)*. Nach einigen Minuten beteiligen sich nur noch wenige Schüler am Gespräch.

? Ursachen und Hintergrund

Schüler und Lehrerin agieren in dieser Kommunikation mit unterschiedlichen Intentionen und Sichtweisen: Für die Schüler handelt es sich primär um ein Gespräch, in dem sie ihre Vorschläge und Meinungen vorbringen möchten, d. h. für sie steht die inhaltliche Ebene im Vordergrund. Deshalb möchten sie sprachliche Hindernisse, wie z. B.

Wortschatzlücken, möglichst schnell und einfach beseitigen. Für die Lehrkraft liegt der Fokus nicht nur auf der Kommunikation, sondern auch auf der sprachlichen Übung, weshalb sie hartnäckig auf die Verwendung von Kompensationsstrategien besteht. Sie wechselt daher immer wieder von der inhaltlichen auf die sprachformale Ebene und sendet dabei unbewusst die Botschaft aus, dass der Gesprächsinhalt für sie nicht wichtig ist und wertet so das Gespräch als solches ab.

Aus Sicht der Schüler ist das Insistieren von Frau L. auf die Verwendung der Fremdsprache auch ein Bloßstellen ihrer Schwächen, denn die peinlichen Situationen des verzweifelten Suchens nach passenden Umschreibungen stellen ihre Wortschatzschwächen in den Vordergrund und zerstören so ihr Bemühen. Frau L. sollte hierbei auch berücksichtigen, dass das von den Schülern praktizierte mutige Sprechen mit Lücken eine sehr sinnvolle Spracherwerbsstrategie ist, die allerdings der sensiblen Unterstützung durch die Lehrkraft bedarf, damit sie wirksam werden kann.

✓ Tipps

- Freuen Sie sich, dass Ihre Schüler die Fremdsprache so engagiert und mutig verwenden. Achten Sie dabei darauf, dass Sie die Inhaltsebene nicht verlassen.
- Sie können Ihren Schülern sprachliche Unterstützung in verschiedener Form bieten, die ihnen bei der Formulierung hilft, ihr Vertrauen in ihre Sprachkompetenz nicht verringert und ein positives Bild der Lehrkraft als „Helfer in sprachlicher Not" stärkt. Beachten Sie dabei folgende Tipps:
    - Bieten Sie Ihren Schülern *prompts* an, wenn er nach einem Wort sucht, z. B. S: *When you do a lot of sport it's good for your...* – L: *Health? It's good for your health?*
    - Verwendet ein Schüler ein deutsches Wort, fügen Sie nur kurz das englische Wort ein und lassen das Gespräch dann weiterlaufen. Dieses Verfahren bedarf der expliziten Vereinbarung, dass Schüler nur dann zum deutschen Wort greifen dürfen, wenn sie keine andere Möglichkeit sehen.
    - Lassen Sie in Ihren Gesprächsbeiträgen nützliche Wörter einfließen, die Ihre Schüler dann in ihren Äußerungen verwenden können. Um das Verständnis bei unbekannten Wörtern zu sichern, sollten Sie die Sandwich-Technik, d. h. zunächst das englische Wort, dann die deutsche Übersetzung und dann wieder das englische Wort (Butzkamm 2011), verwenden.

Unterrichtsgespräch

- Auf die Diskussion kann eine sprachbezogene Phase folgen, in der gemeinsam die Wörter gesammelt und besprochen werden, deren Unkenntnis die Schüler bei ihren Äußerungen behindert hat – diejenigen Schüler, die nach diesen Wörtern gesucht haben, erinnern sich meist noch an sie.

| FEHLER 36 | Deutsche Ausdrucksformen und Höflichkeitsnormen 1:1 in die Fremdsprache übernehmen

✗ Fallbeispiel

Praktikantin S. spricht mit ihrer Betreuungslehrerin über die vorangegangene Englischstunde. Was die Lehrersprache betrifft, ist die Betreuungslehrerin etwas unzufrieden, da sie das Englisch von Frau S. teilweise als unhöflich empfindet. Frau S. kann das nicht nachvollziehen, da sie stets *„Please"* und *„Thank you"* gesagt hat. Die Betreuungslehrerin nennt auch ein Beispiel, *„Go to the board, please!"*, welches sie immer noch sehr unhöflich findet.

? Ursachen und Hintergrund

Englisch, vor allem das britische Englisch, gehört zu den Sprachen, in denen Bitten, Aufforderungen, Ratschläge und Kritik im Vergleich zum Deutschen zurückhaltend und indirekt formuliert werden. Da die Lehrkraft in ihrer Klasse grundsätzlich auch als Sprachmodell fungiert, an dem sich die Schüler in ihrem späteren Kommunikationsverhalten außerhalb der Schule orientieren sollen, müsste sie so mit den Schülern sprechen, dass die Schüler diese Formulierungen auch auf die Kommunikation mit Fremden übertragen können, ohne dabei unwissentlich unhöflich zu wirken. Die Formulierung *„Go to the board, please!"* würde zwar in einem deutschen Klassenzimmer als normale und höfliche Aufforderung empfunden, wäre jedoch in einem außerschulischen (britischen) Kontext unhöflich, da man Aufforderungen als Frage *(Could/Can you..., please?)* formulieren würde.

Unterrichtsgespräch

✓ Tipps

- Analysieren Sie gezielt Ihre Lehrersprache am besten während eines Auslandsaufenthalts: Bei welchen Redeakten im Englischen wird „Höflichkeit" deutlich anders realisiert als im Deutschen? Dabei wird deutlich werden, dass vor allem Korrekturen im Englischen erheblich indirekter erfolgen als im Deutschen *(Are you sure this is correct?)*.
- Wenden Sie diese höflichen Formulierungen dann konsequent im Klassenzimmer an. Klären Sie deren Bedeutung mit Ihren Schülern bei passender Gelegenheit, z. B. in einem Rollenspiel.
- Zusätzlich kann es hilfreich sein, wenn Sie Ihre Unterrichtssprache gelegentlich mittels Tonmitschnitten überprüfen und idealerweise zusammen mit einem Native Speaker analysieren.

| FEHLER 37 | Sprechfertigkeit nur mit Frage-Antwort-Übungen trainieren

✗ Fallbeispiel

Referendarin R. bereitet die Schüler ihrer 9. Klasse seit einiger Zeit auf eine Sprechfertigkeitsprüfung vor. Sie wählt interessante Texte und bespricht sie mit den Schülern, indem sie zahlreiche Fragen zum Inhalt stellt. Als sie in einer Prüfungssimulation die Schüler in Kleingruppen das Thema *„A year abroad – should it be made obligatory for German pupils?"* diskutieren lässt, stellt sie bei vielen Schülern kommunikative Hilflosigkeit fest: Die Schüler beschränken sich meist auf die Frage *„What do you think?"* und die Antwort *„I think it's (not) a good idea because…"*. Andere Redeakte, wie Einwände, Nachfragen, Vorschläge etc. hingegen, kommen kaum vor.

? Ursachen und Hintergrund

Kommunikation besteht aus einer Vielzahl unterschiedlicher Redeakte. Frau R. hat aber nur zwei intensiv geübt: Fragen und Antworten. Es verwundert daher nicht, dass die Schüler sich zumeist nicht über diese beiden Redeakte hinauswagten. Zudem sind Gespräche von zahlreichen Phrasen und Formeln geprägt, die wichtige soziale Funktionen erfüllen, z. B.

Unterrichtsgespräch

- Zweifel und abweichende Meinung höflich ankündigen *(Are you quite sure that... ?)*
- einen Widerspruch mit Respektbekundung *(face saving strategy)* bzgl. des gegnerischen Arguments verbinden *(That's an interesting point you just made, but...)*
- höflich Vorschläge machen *(Wouldn't it be a good idea to...)*

Die bloße Frage-Antwort-Abfolge bietet keine Gelegenheit für die Einübung und Anwendung dieser Redeakte und der mit ihnen verbundenen Phrasen und Formeln, die im wirklichen Leben eine wichtige Rolle spielen und die auch in einer Diskussion im Rahmen einer Prüfung nicht fehlen sollten.

✓ Tipps

- Analysieren Sie zunächst anhand von Modelldiskussionen (als Hör- und Lesetexte) die verschiedenen Redeakte und die mit ihnen verknüpften Phrasen und Formeln.
- Halten Sie Phrasen und Formeln verschiedener Redeakte mittels Postern im Klassenzimmer fest.
- Festigen Sie diese Phrasen und Formeln, indem Sie Ihre Schüler Mini-Dialoge einüben lassen, z. B. im *Milling around*-Verfahren. Folgende Settings eignen sich gut dafür:
  - einer unsinnigen Behauptung höflich widersprechen;
  - für die Lösung eines Problems höflich Vorschläge anbieten;
  - bei ungenauen Informationen (z. B. ein verschwommenes Bild oder einige sehr fragmentarische und daher unklare Notizen) eine unsichere Interpretation / Meinung äußern etc.
- Diskutieren Sie mit Ihren Schülern im Plenum ein kontroverses Thema. Um Ihre Schüler zu größerer Vielfalt in ihren Äußerungen anzuregen, verweisen Sie immer wieder auf die Poster an der Wand. Vorsicht: Dies ist ein schwieriger Balanceakt zwischen sensibler Steuerung des Gesprächs und Vermeidung zu starker Dominanz der Lehrkraft.
- Schließlich sollten die Schüler in Gruppen und in komplexeren Sprechaktivitäten *(information gaps, opinion gaps, consensus gaps, simulations* etc.) eigenständig ihre Sprechkompetenz erproben. Hierbei sind natürlich Tonaufnahmen von einigen Gesprächen sinnvoll, die anschließend analysiert werden.

Hausaufgabenstellung

| FEHLER 38 | Hausaufgaben zum Wortschatz ohne Hinweise zum Lernen geben

✗ Fallbeispiel

Referendarin F. ist es sehr wichtig, dass ihre Schüler regelmäßig Vokabeln lernen. Deshalb sagt sie am Ende jeder Englischstunde, in der neuer Wortschatz behandelt wurde, zu ihren Schülern: „Schaut euch dann bis morgen die Wörter an!" Überprüft sie den Wortschatz in der nächsten Unterrichtsstunde, so ist sie mit den Ergebnissen halbwegs zufrieden. Allerdings stellt sie bei Tests, die den Wortschatz mehrerer Wochen überprüfen, fest, dass die Schüler große Teile dieses Wortschatzes nicht mehr abrufen können.

? Ursachen und Hintergrund

Die Hausaufgabenstellung von Frau F. beinhaltet zwei Probleme:

- Die Formulierung „Schaut euch die Wörter an!" impliziert eine oberflächliche Beschäftigung mit dem Wortschatz. Die Schüler greifen diese Implikation gerne auf, da Wortschatzlernen (vgl. Kehrein 2013) bei ihnen nicht besonders beliebt ist. Sie interpretieren diese Formulierung meist als „Wortschatzliste durchlesen" und beschränken sich so auf eine sehr oberflächliche Verarbeitung der Wörter, ohne langfristigen Behaltenseffekt.

- Die Hausaufgabenstellung enthält keinerlei lerntechnische Hinweise, die die Tiefenverarbeitung von Wortschatz fördern und dadurch langfristiges Behalten sichern. Besonders für weniger erfahrene Lerner wären diese Hinweise aber sehr wichtig. Hier zeigen Untersuchungen (vgl. Haudeck 2005), dass viele Schüler eine beunruhigende lerntechnische Hilflosigkeit aufweisen und über das oberflächliche Listenlernen mit abwechselndem Abdecken der Wörter nicht hinausgelangen. Diese Lerntechnik führt allerdings nicht zu einer effektiven Vernetzung im mentalen Lexikon.

✓ Tipps

- Hausaufgabenstellungen sollten – zumindest bei noch nicht sehr erfahrenen Lernern – in den meisten Fällen aus zwei Teilen bestehen: Zum einen sollten sie den Bereich

Hausaufgabenstellung

was zu lernen bzw. zu tun ist abdecken, zum anderen sollte auch vermittelt werden *wie* etwas gelernt bzw. getan werden soll.

- Achten Sie darauf, dass Sie Ihren Schülern auch Lerntechniken für effektives Wortschatzspeichern vermitteln, diese im Rahmen der Hausaufgabenstellung erklären und an einigen Beispielen demonstrieren. Zu den am besten erforschten effektiven Lerntechniken für eine Tiefenverarbeitung gehören:

  - das Erstellen von Mindmaps mit Lernwörtern. Die Mindmap sollte in ihrer Anordnung die Zusammenhänge zwischen den Wörtern verdeutlichen. Ausgehend von dem zentralen Begriff in der Mitte der Mindmap sollten die Schüler sich zuerst die entsprechende Situation vorstellen und dann versuchen, (bei zugedeckter Mindmap) möglichst viele Wörter abzurufen.

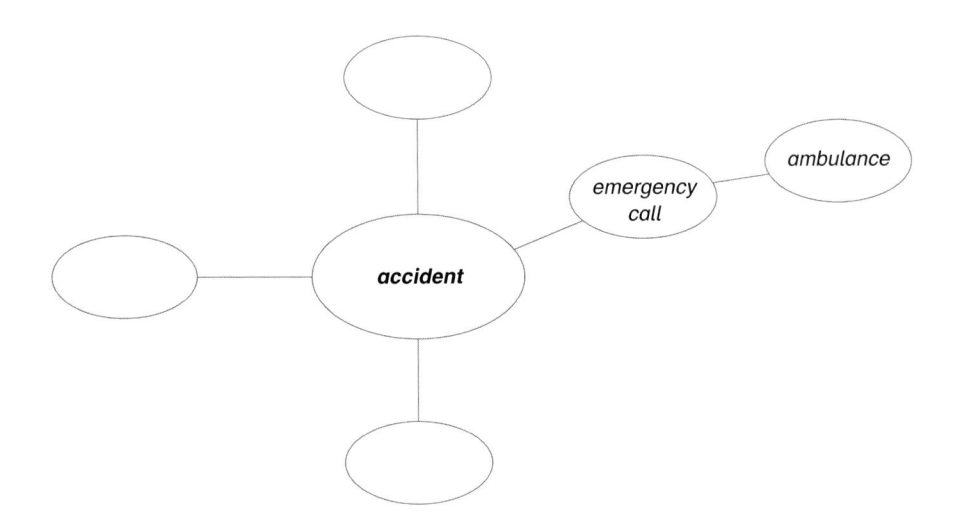

  (Mindmap: zentraler Begriff **accident** *mit Verzweigungen, u. a. zu* emergency call *→* ambulance*)*

  - das Verbinden von Wörtern mit Bewegung. Hierbei sollten Ihre Schüler das Wort laut aussprechen, dann in einem (kurzen) Satz verwenden und dazu eine Bewegung ausführen, die der Bedeutung des Wortes bzw. Satzes entspricht.
  - das Verwenden von Wörtern in einem Kontext. Ihre Schüler bilden mit dem Wort einen möglichst originellen Satz oder entwickeln einen Text mit den Wörtern einer Mindmap. Wird der Text schriftlich entworfen, so kann er in der Folgestunde zu einer Partnerübung verwendet werden: Die Schüler lesen sich gegenseitig ihre Texte vor und ersetzen dabei die Lernwörter durch ein Nonsens-Wort (z. B. *woggle > But then he woggled over a stone. > stumbled*), für das der Partner das richtige Wort finden muss.

| FEHLER 39 | Wörter ohne richtige Technik ins Vokabelheft abschreiben lassen

✗ Fallbeispiel

Praktikant N. schärft den Schülern seiner 6. Klasse stets ein, die neuen Wörter sorgfältig vom Buch in ihr Vokabelheft oder auf Karteikarten zu übertragen. Bei der Durchsicht der Hefte und Karteikarten stellt er fest, dass die Schüler diese Tätigkeit auch mit der geforderten Sorgfalt durchführen. Allerdings ist er dann bei einem Vokabeltest und einer Klassenarbeit erstaunt über die Vielzahl der Rechtschreibfehler und kann sich diese nicht erklären.

? Ursachen und Hintergrund

Wir können Informationen nur dann präzise und zuverlässig abrufen, wenn unser Gedächtnis sie vorher gespeichert hat. Wenn Schüler ein Wort von einem Blatt (z. B. Lehrbuch) auf ein anderes (z. B. Vokabelheft) übertragen, so bedeutet dies nicht automatisch, dass die Schreibweise dabei auch gespeichert wird, denn häufig ist dieses Übertragen nur eine Art von Kopieren, bei dem das Ausgangswort noch im Blickfeld bleibt und das Auge immer wieder zu ihm hin schweift. Das bedeutet, dass bei diesem Vorgang des Abschreibens weder ein bewusstes Speichern noch ein aktives Abrufen (beim Schreiben des Worts) stattfindet – *beides* ist aber notwendig, wenn die Orthografie zu einem späteren Zeitpunkt präzise abgerufen werden soll.

✓ Tipps

- Vermitteln Sie Ihren Schülern effektive Techniken zum Abschreiben. Demonstrieren Sie diese Techniken, erklären Sie die Bedeutung und den Nutzen und lassen Sie Ihre Schüler im Unterricht bereits üben. Ebenfalls hilfreich ist es, den Schülern in einem kurzen Test die Wirksamkeit der Lerntechniken aufzeigen, bevor sie die Techniken zu Hause anwenden. Denn die Schüler müssen von der Effektivität überzeugt sein, sonst greifen viele wieder auf das einfachere (aber ineffektivere) Verfahren zurück.

Hausaufgabenstellung

- Die hier vorgeschlagene Technik (es gibt mehrere) beinhaltet drei Schritte:
  1. Der Schüler liest das Wort sehr bewusst, achtet dabei auf ungewohnte Buchstabenkombinationen und prägt sich die Schreibweise des Wortes durch intensives Betrachten ca. 1 – 2 Sekunden lang ein. Bloßes Überfliegen genügt nicht!
  2. Er schreibt das Wort aus dem Gedächtnis mit dem Finger in die Luft oder auf den Tisch etc. und spricht es dabei laut aus, um sich die Unterschiede zwischen Aussprache und Schreibweise bewusst zu machen. Dieser Schritt ist besonders wichtig für Schüler mit Legasthenie.
  3. Schließlich schreibt er das Wort aus dem Gedächtnis in sein Vokabelheft etc. und überprüft dann mithilfe des Lehrbuchs, ob er es richtig geschrieben hat.

Verschiedenes

| FEHLER 40 | *Role plays* einfach ablesen lassen

✗ Fallbeispiel

Herr W. möchte mit seinen Siebtklässlern kommunikatives Verhalten in einem Restaurant mittels eines Rollenspiels einüben. Er zeigt den Schülern ein Videobeispiel und analysiert anschließend anhand des Transkripts des Ausschnittes die wichtigen Wörter und Phrasen für diese Situation. Dann erteilt er den Schülern den Arbeitsauftrag, zusammen mit einem Partner einen eigenen Kellner-Gast-Dialog zu schreiben. Nach dieser Aufgabe bittet Herr W. verschiedene Schülerpaare, ihre Dialoge vor der Klasse vorzuspielen. Er ist enttäuscht, als alle Schüler, trotz seiner Ermahnungen frei zu sprechen, ihre Dialoge ablesen. Da dieses Ablesen mit hoher Sprechgeschwindigkeit erfolgt und die Dialoge sich auch sehr ähneln, entsteht bald Langeweile und damit auch Unruhe im Klassenzimmer.

? Ursachen und Hintergrund

Ein Dialog, den die Schüler schriftlich ausgearbeitet haben, verführt natürlich stets zum Ablesen. Allerdings war in diesem Fall das Ablesen für viele Schüler sicherlich auch unverzichtbar, da der Dialog kaum geübt wurde. Vor allem hat Herr W. die variablen Stellen des Dialogs (z. B. bei der Essensbestellung) nicht bewusstgemacht und auch nicht verschiedene Varianten durchgespielt. Die Schüler waren daher auf eine Vorlage angewiesen, da sie nicht gelernt hatten, in dieser Situation flexibel zu reagieren. Rollenspiele greifen zumeist Standardsituationen des Alltags auf (z. B. nach dem Weg fragen, ein Hotelzimmer buchen etc.) und versuchen so, Schüler auf die Bewältigung dieser wichtigen Situationen vorzubereiten. Diese Gespräche weisen einerseits bestimmte Ablaufmuster auf, die bewusstgemacht und geübt werden müssen (Begrüßung > Tischwahl > Speisekarte > Bestellung etc.). Jedoch gibt es innerhalb dieser Abläufe auch offene Stellen des Unerwarteten (z. B. ein Gericht ist nicht mehr verfügbar), die flexibles Reagieren erfordern und ebenfalls in ihren verschiedenen Alternativen geübt werden müssen.

✓ Tipps

° Wiederholen Sie mit Ihren Schülern zunächst alle wichtigen Wörter für die jeweilige Situation, um die Abrufprozesse der Schüler während des Sprechens zu erleichtern.

Verschiedenes

- Gehen Sie dann zu einem Videobeispiel über und analysieren Sie dieses. Hierbei ist es auch wichtig, die kulturellen Aspekte nicht zu vernachlässigen, z. B. Verhalte ich mich in einem britischen / amerikanischen Restaurant genauso wie in einem deutschen Lokal?
- Im nächsten Schritt geht es um die Bewusstmachung und Übung der Diskursstruktur, z. B. indem die wesentlichen Gesprächsteile (Begrüßung, Frage nach Reservierung, Bestellung, Bitte um Rechnung etc.) in der richtigen Abfolge angeordnet werden. Dabei handelt es sich um das sogenannte *Scrambled text*-Verfahren.
- Im Anschluss sollten Sie die, für die Situation wesentlichen Phrasen (*Did you make a reservation?* oder *Do you have a reservation? Are you ready to order now? I'll have…/ Could I have…* etc.) einüben. Dies kann mittels eines Lückentexts durchgeführt werden.
- Dann müssen Ihre Schüler noch erkennen, an welchen Stellen sie Wahlmöglichkeiten haben, mit welchen Varianten sie diese Stellen füllen und wo sie improvisieren können. Auch hierfür kann ein Lückentext verwendet werden, wobei die Lücken sich an all den Stellen befinden (z. B. Bestellung), an denen Varianten möglich sind. Auch kann anschließend der Film herangezogen werden, der an jeder Stelle, die Varianten zulässt, gestoppt wird. Die Schüler bieten dann zu der vom Standbild gezeigten Situation verschiedene Äußerungsmöglichkeiten an. Auf diese Weise sollten sich die Schüler ein möglichst breites Spektrum an Ausdrucksmöglichkeiten für ihr eigenes Rollenspiel erwerben.
- Erst dann legen Ihre Schüler mit ihrem Partner nur mittels Stichpunkten ihren Dialog fest und machen einen Probedurchlauf. Dies kann gemeinsam mit einem weiteren Schülerpaar erfolgen, das sprachliche Hilfestellung leistet. Am Ende steht dann das Vorspielen des Dialogs sinnvollerweise mit Requisiten (Speisekarte, gedeckter Tisch etc.) und ohne schriftlichen Text.

| FEHLER 41 | Ein *Role play* nach dem anderen vorspielen lassen

✗ Fallbeispiel

Praktikant K. hat die Schüler seiner 8. Klasse ein Rollenspiel zum Thema „*How to make a complaint*" vorbereiten lassen. Die Schüler sollen sich an der Hotelrezeption

Verschiedenes

über einen Mangel in ihrem Hotelzimmer beschweren. Nachdem die Schüler in Partnerarbeit ihr Rollenspiel erarbeitet haben, will Herr K., dass sie ihre Dialoge nacheinander vor der Klasse vorführen. Die Schüler hören anfangs interessiert zu, doch nach mehreren Rollenspielen nehmen Desinteresse und Nebentätigkeiten trotz mehrfacher Ermahnungen immer mehr zu, sodass Herr K. die Präsentation beendet.

? Ursachen und Hintergrund

Herr K. befindet sich in einer Zwickmühle: Einerseits will er allen Schülern die Gelegenheit geben, ihre Arbeit vorzustellen, andererseits muss dieses Verfahren zwangsläufig zu Monotonie und Langeweile führen. Er sollte sich vor Augen führen, dass die Präsentation von Arbeitsergebnissen in der Schule immer auch der kritischen Analyse, der Verbesserung von Schwachpunkten und dem daraus folgenden neuen Lernen dient. Dies ist aber nur dann möglich, wenn *alle* Beteiligten daran interessiert sind. Das Verfahren der Präsentation einer langen Reihe von Rollenspielen ist dafür nicht geeignet. Stattdessen sollte er – sofern das Klassenklima dies erlaubt – auf die Prinzipien der Kooperation und des Wettbewerbs zurückgreifen. Wenn Zuhören, Analyse und Verbesserung einem gemeinsamen (attraktiven) Ziel dienen, z. B. einen Preis für das beste Rollenspiel zu gewinnen, ist die Wahrscheinlichkeit der engagierten Aufmerksamkeit erheblich höher.

✓ Tipps

Um Langeweile bei der Präsentation von Rollenspielen zu vermeiden, beachten Sie die folgenden Tipps:

- Bilden Sie je nach Klassengröße Schülergruppen von 3 – 4 Paaren.
- Innerhalb dieser Gruppen präsentieren zunächst die Paare ihre Rollenspiele, die von den anderen Gruppenmitgliedern mithilfe eines Evaluationsblattes analysiert und kommentiert werden. Das Evaluationsblatt sollte nicht nur die üblichen sprachlichen Kategorien wie Aussprache, Wortschatz, Grammatik und situationstypische Phrasen enthalten, sondern auch Höflichkeit, taktisches Geschick und Originalität (z. B. der Lösung des Problems) berücksichtigen.
- Die Gruppe wählt für das „Finale" das beste Rollenspiel und macht mithilfe der Evaluationsbögen gezielte Verbesserungsvorschläge, die von dem gewählten Paar bei einem Probedurchlauf in der Gruppe umgesetzt werden.

Verschiedenes

- Dann schickt jede Gruppe ihr Paar in den Wettbewerb um das beste Rollenspiel der Klasse, d. h. die Paare führen ihre Rollenspiele vor und die Mitglieder der anderen Gruppen evaluieren sie mittels obiger Kriterien.
- Natürlich können die gewählten Rollenspiele auch gefilmt und den Englischlehrkräften der Schule oder älteren Schülern zur Entscheidung vorgelegt werden (inkl. Veröffentlichung auf der Schul-Homepage – sofern die betroffenen Schüler einverstanden sind).

| FEHLER 42 | Mit Songs Schüler demotivieren, statt zu motivieren

Fallbeispiel

Referendar T. stellt in seiner 9. Klasse nach mehreren Wochen intensiver Textarbeit ein Motivationstief fest und möchte mit einer Stunde zu einem Song erreichen, dass die Schüler wieder mehr Interesse am Englischunterricht zeigen. Er wählt den Song „Mr. President" der Sängerin Pink aus, da er mit diesem Song auch die politische Dimension des Genres aufzeigen kann. Nach dem ersten Hören des Songs bespricht er den Text Zeile für Zeile, klärt unbekannte Wörter und sammelt an der Tafel das Vokabular zum Thema „social problems", das im Text enthalten ist. Da der Song zudem eine Fülle von Fragen enthält, fügt er eine Wiederholung der Frageformen ein und lässt die Schüler verschiedene Fragestrukturen üben, indem er Antwortsätze vorgibt, zu denen die Schüler die passenden Fragen aus dem Songtext finden müssen. Anschließend stellt er Fragen zum Textinhalt. Als er dann über den Songinhalt diskutieren will, stößt er auf Passivität und Desinteresse. Herr T. ist frustriert.

Ursachen und Hintergrund

Was interessiert Jugendliche an einem Song? Es ist zunächst die Musik und dann der Textinhalt. Hier haben Schüler bei englischsprachigen Songs manchmal nur eine vage Vorstellung vom Inhalt. Anspielungen, Wortspiele, politisch-sozialer Hintergrund und die Intention erschließen sich ihnen häufig nur teilweise, wollen aber durchaus von ihnen verstanden werden. Eine minutiöse Spracharbeit und der „Mißbrauch" des Songs für Grammatikarbeit führen von den eigentlich interessanten Aspekten weg. Herr T. behandelt den Song letztlich so, wie er die Texte der letzten Wochen behandelt hat und nützt daher nicht das Potenzial des Genres. Als er zum inhaltlichen Gespräch kommen will, sind die Schüler von der Songbehandlung schon enttäuscht und haben die Hoffnung auf eine Wende weg von der üblichen Textarbeit aufgegeben.

✓ Tipps

Überlegen Sie zunächst was Sie mit einer Songstunde erreichen möchten. Möchten Sie Ihre Schüler motivieren, dann müssen Sie sehr schülerorientiert vorgehen. Folgende Tipps helfen Ihnen dabei:

- Aktivieren Sie nach dem ersten Hören Vorwissen zum Interpreten und Song sowie erste Eindrücke von Musik, Gestaltung und Hypothesen zum Inhalt.
- Bei einem weiteren Hördurchgang (jetzt mit Mitlesen des Textes) sollten Ihre Schüler unklare Textstellen markieren, deren Klärung sie sich wünschen.
- Nachdem dies erfolgt ist, sollten Sie zusammen mit Ihren Schülern die inhaltliche Aussage des Songs klar herausarbeiten und an der Tafel festhalten.
- Verschiedene Gruppen können sich anschließend für ein Thema entscheiden und eine Gruppenstellungnahme erarbeiten, z. B. zu Fragen wie
  - Stützen Musik und Vortragsweise / die Sprache / die angeführten Beispiele die politische Botschaft oder schöpfen sie hier das Potenzial nicht aus?
  - Können Songs überhaupt politisch etwas bewirken?
  - Ist ein anderer Song bekannt, der ein politisch-soziales Problem thematisiert? Wie geht dieser Song mit dem Problem um?
- Besonderer Tipp: Einigen Sie sich zu Beginn des Schuljahres mit Ihren Schülern auf einige Songs, die im Laufe des Schuljahres gemeinsam besprochen werden sollen.

| FEHLER 43 | Davon ausgehen, dass man mit Filmen automatisch neuen Wortschatz lernt

✗ Fallbeispiel

Herr F. ist der Meinung, dass Filme durch die Parallelität von Handlung und Sprache besonders gut geeignet für den Wortschatzerwerb sind. Er zeigt in einer 9. Klasse deshalb einen kurzen Ausschnitt aus einem Spielfilm und fragt die Schüler an-

Verschiedenes

schließend, welche neuen Wörter sie durch diesen Film gelernt hätten. Nur wenige Schüler nennen ein oder zwei Wörter, einige Schüler können bisher unbekannte Wortkombinationen mit bekannten Wörtern anführen, der Rest schweigt verlegen.

Ursachen und Hintergrund

Sehen wir einen (Spiel-)Film, so achten wir auf die Handlung und nur höchst selten auf die sprachlichen Formulierungen, so wie wir bei einer Äußerung zumeist den semantischen Gehalt der Äußerung speichern, aber uns nicht mehr an die genaue Formulierung (außer sie ist besonders auffällig oder relevant) erinnern können. Unser Gehirn konzentriert sich ganz automatisch auf das, was in dieser Situation bedeutend für uns ist: die Filmhandlung bzw. was mein Gesprächspartner mir mitteilt (und nicht die genaue Wortwahl). Die Schüler von Herrn F. haben den Film, da keine anderweitige Instruktion und gezielte Aufmerksamkeitslenkung erfolgte, als Film rezipiert, nicht aber als Wortschatzquelle und daher auch kaum Wortschatz verarbeitet. Wortschatzerwerb durch Filme setzt eine klare sprachliche Fokussierung voraus, ansonsten wird zwar vorhandener Wortschatz gefestigt und es werden Kollokationen, Phrasen etc. mit bekanntem Wortschatz erworben, aber kaum neue Wörter (vgl. Schmidt 1998).

Tipps

Wenn Sie Filme im Unterricht einsetzen, überlegen Sie zunächst, was Sie mit dem Filmausschnitt erreichen möchten: Denkbar sind zwei Herangehensweisen:
- Zunächst kann der Film inhaltlich erschlossen werden, d. h. es wird die Filmhandlung geklärt, es können subjektive Eindrücke gesammelt werden (z. B. ist der Ausschnitt spannend? Wie wirken die Personen auf die Schüler? Ist die Musik passend oder eher störend? …) und es können Spekulationen angestellt werden über den Fortgang der Handlung.
- Möchten Sie den Film für den Wortschatzerwerb nützen, sollten Sie den Schülern klare sprachliche Aufgabenstellungen geben, die auch auf verschiedene Gruppen verteilt werden können, z. B.
  - mindestens vier neue Wörter erkennen, erschließen und anschließend Bedeutung, Schreibweise und Verwendung mithilfe des Lexikons überprüfen;
  - mindestens drei neue Kombinationen (Kollokationen) von bekannten Wörtern oder Phrasen/Formeln dem Film entnehmen und erklären, in welchen Situationen diese im Film Anwendung gefunden haben.

- Wichtig: Wenn Sie das Potenzial von Filmausschnitten weiterhin für die Kommunikation und das freie Schreiben nutzen möchten, sollten Sie Filme eher seltener zur Wortschatzarbeit einsetzen.

| FEHLER 44 | Keinen Puffer für die letzten Minuten einplanen

✗ Fallbeispiel

Praktikantin B. hat mit Ihren Sechstklässlern einen Text zu „London Sights" behandelt und dabei inhaltliche und sprachliche Aspekte erarbeitet. Die Schüler waren ungewöhnlich motiviert und erledigten alle Übungen sehr flüssig und ohne nennenswerte Probleme, sodass Frau B. die letzte ihrer geplanten Tätigkeiten bereits sechs Minuten vor Stundenende abschließen kann. Etwas hilflos sagt sie zu den Schülern: „*There are still six minutes until the bell rings. Relax and be quiet, please.*"
Allerdings steigt der Lärmpegel mit jeder Minute erheblich an …

? Ursachen und Hintergrund

Eine Unterrichtsstunde birgt zahlreiche Unwägbarkeiten: Motivation und Arbeitstempo der Schüler variieren, als unkompliziert eingeschätzte fachliche Probleme können sich als schwierig und zeitaufwändig erweisen und umgekehrt, unvorhergesehene Störungen können Zeit kosten etc. Die Planung einer Unterrichtsstunde muss daher Flexibilität erlauben und sollte neben dem wünschenswerten Plan A (zumindest an manchen Stellen) auch einen Plan B aufweisen. Ein planerisches Vakuum am Stundenende wie bei Frau B. bringt die Lehrkraft bei weniger disziplinierten Klassen schnell in eine unangenehme Lage, da Schüler ohne klare Aufgabe zu lauten Gesprächen und auch motorischer Unruhe neigen und dadurch manchmal heftige Reaktionen der gestressten Lehrkraft hervorrufen, die wiederum das Lehrer-Schüler-Verhältnis beeinträchtigen können. Diese Eskalation ist auch deswegen bedauerlich, weil die Schüler eine Englischstunde im Idealfall mit dem Eindruck verlassen sollten, dass Englischunterricht Spaß macht – und dabei spielt gerade die letzte (Sprach-)Aktivität eine entscheidende Rolle, denn der letzte Eindruck wirkt lange nach.

Verschiedenes

✓ Tipps

- Planen Sie für die letzten Minuten eine „Pufferaktivität" ein, die für sie selbst wenig Materialaufwand bedeutet, jederzeit beendet werden kann, den Schülern aber Spaß macht und zum bearbeiteten Thema passt.

- So könnten Sie z. B. einen etwas verwirrten „*tourist guide*" simulieren, der die Schüler durch London führt, aber immer wieder die Informationen zu den einzelnen Sehenswürdigkeiten durcheinanderbringt. Die Schüler haben die Aufgabe, die Fehler zu erkennen, zu protestieren und den Führer zu verbessern. Sie könnte ebenfalls die Fotos des Lehrbuchs bzw. geeignete Fotos aus dem Internet mithilfe der Dokumentenkamera sehr verschwommen präsentieren, und die Schüler müssen die Sehenswürdigkeiten erraten. Haben jeweils zwei Schüler falsch geraten, wird das Bild für das weitere Raten etwas deutlicher präsentiert usw., bis das Objekt richtig erraten wird.

- Diese Aktivitäten erfordern nur eine minimale Vorbereitungszeit, sodass auf sie auch ohne große Schmerzen verzichtet werden kann, wenn es möglich ist, die ursprüngliche Stundenplanung bis zum Ende umzusetzen.

Literatur

Böttger, Heiner/Sambanis, Michaela. Sprachen lernen in der Pubertät. Tübingen: Narr, 2017.

Butzkamm, Wolfgang. „Fremdsprachig unterrichten – wie schaffe ich das?". In: Praxis Fremdsprachenunterricht. Basisheft, 2/2011, S. 5–8.

Fathmann, Ann K./Whalley, Elizabeth. "Teacher response to student writing: focus on form versus content". In: Barbara Kroll (ed.). Second Language Writing. Research insights for the classroom. Cambridge: CUP, 1990, pp. 178–190.

Haudeck, Helga. „Wie 'pauken' Schüler und Schülerinnen Vokabeln für den Fremdsprachenunterricht wirklich?". In: Philipp Mayring/Michaela Gläser-Zikuda (Hg.). Die Praxis der qualitativen Inhaltsanalyse. Weinheim & Basel: Beltz, 2005, S. 84–104.

Karpicke, Jeffrey D./Roediger III, Henry L. "The Critical Importance of Retrieval for Learning". In: Science, vol. 319, N° 5865, 15 Febr. 2008, pp. 966–968.

Kehrein, Anna Sophie. Strategien zum Wortschatzerwerb im Englischunterricht. Master-Arbeit. FU Berlin, 2013.

Longcamp, Marieke et al. "Remembering the orientation of newly learned characters depends on the associated writing knowledge: A comparison between handwriting and typing". In: Human Movement Science, vol. 25, Oct. 2006, Issues 4-5, pp. 646–656.

Nagy, Markus. „Textverarbeitungsprogramme im fremdsprachlichen Schulunterricht". In: Friederike Klippel (Hg.). Textsalat. München: Langenscheidt, 2000, S. 105–131.

Pienemann, Manfred. Language Processing and Second Language Development. Processability Theory. Amsterdam: Benjamins, 1998.

Schmidt, Sylke. Wortschatzerwerb beim Fernsehen. Eine Untersuchung mit fortgeschrittenen Lernern des Englischen. Frankfurt/M.: Lang, 1998.

Swain, Merrill. "The Output-Hypothesis and beyond: Mediating Acquisition through Collaborative Dialogue". In: James P. Lantolf (ed.). Sociocultural Theory and Second Language Learning. Oxford: 2000, pp. 97–114.

Alle Unterrichtsmaterialien

der Verlage Auer, AOL-Verlag und PERSEN

jederzeit online verfügbar

lehrerbuero.de
Jetzt kostenlos testen!

Und das Beste: Schon ab zwei Kollegen können Sie von der günstigen **Schulmitgliedschaft** profitieren!

Infos unter: **lehrerbuero.de**

» **lehrerbüro**

Das **Online-Portal** für Unterricht und Schulalltag!